萃他山之石　润己玉之泽

——山东大学(威海)学术报告集锦

第二卷

王湘云　主编

山东大学出版社
SHANDONG UNIVERSITY PRESS
·济南·

图书在版编目(CIP)数据

萃他山之石　润己玉之泽：山东大学(威海)学术报告集锦. 第二卷 / 王湘云主编. —济南：山东大学出版社，2021. 10

ISBN 978-7-5607-6890-8

Ⅰ. ①萃…　Ⅱ. ①王…　Ⅲ. ①社会科学—文集　Ⅳ. ①C53

中国版本图书馆 CIP 数据核字(2021)第 232958 号

责任编辑　祝清亮
文案编辑　谭婧婺　曲文蕾
封面设计　牛　钧

出版发行　山东大学出版社
社　　址　山东省济南市山大南路 20 号
邮政编码　250100
发行热线　(0531)88363008
经　　销　新华书店
印　　刷　山东和平商务有限公司
规　　格　720 毫米×1000 毫米　1/16
　　　　　13.25 印张　205 千字
版　　次　2021 年 10 月第 1 版
印　　次　2021 年 10 月第 1 次印刷
定　　价　52.00 元

《萃他山之石　润己玉之泽》

——山东大学(威海)学术报告集锦

编委会

前　言

学术报告既是知识分子了解各学科领域前沿研究的重要渠道，更是他们交流学术思想的主要平台。高等学校邀请国内外知名专家学者，就他们的研究方向、研究方法、研究成果以及国内外相关领域的前沿研究进行学术交流，不但便于高校师生了解相关学科领域的前沿动态和发展趋向，培养学生的学术思维，提升其研究能力，而且可以加强高校和研究单位之间的交流与合作，促进科学研究的良性发展，更可以丰富教师的跨学科意识，促进学科的交叉研究，进而促进新兴学科学术带头人、科研骨干的培养与发展。

自2005年以来，山东大学威海校区一直致力于对外学术交流，年均举办学术报告百场以上。本文集精选2016年至2020年的学术报告近20篇，涵盖文、理、工、经等学科，既有宏观理论的回望与前瞻，也有解决具体问题的具体方法的探究；既有感性的艺术与文学形象，也有理性的物理与数学之光；既有关于国家对外战略的思考，也有计算机领域最新发展的探究；既有专业领域的深入挖掘，也有雅俗共赏的理论普及，触目之处皆琳琅珠玉。这些报告，不仅为莘莘学子构建了一个良好的学术氛围，让学生近距离领略大师的风采，感受学术的无限魅力，同时更成为校区不忘“学术报国”初心的重要表征。

在山东大学一体发展框架下，威海校区坚守山东大学“为国育贤”的办学初心，秉持“为天下储人才，为国家图富强”的办学宗旨，践行“学无止境，气有浩然”的校训，不负“为中华之崛起而读书”的使命担当，加快发展步伐,进一步完善基础教学设备,深化教育教学改革,提高人才培养质量,优化科研环境,提升学术竞争力和社会影响力,致力于打造山东大学加快创建世界一流大学的新亮点。

本文集出版之际,正是迎山东大学建校120周年之时,愿以此文集迎接山东大学百廿华诞。

编　者

2021年9月

目　录

第四编　启迪思想　沁润心灵

第五编　格物致知　寻新求变

第六编　剖析社会　行思致远

第四编

启迪思想　沁润心灵

关于东亚汉文纪行文学中他国形象研究的几点思考

（2017年9月25日）

徐东日*

一、东亚汉文纪行文学

“东亚”一词具有多重含义，它既是区域的概念，也是文化的概念。追溯历史，从先秦时代开始，中国、日本和朝鲜半岛以海路和陆路为纽带，在政治、经济、文化等方面长期保持着全方位的密切关系，形成了“东亚丝绸之路”。尤其文化方面，基于汉字和汉文化形成的东亚文化圈，是几千年来维系东亚各国密切关系的最重要的纽带与基础。

近年来，随着《燕行录》《海行总载》等作品的陆续发掘，韩国和日本的学者掀起了研究汉文纪行文学的高潮。我国的学者关注《燕行录》等作品稍晚一些，却有一个新的突破，就是将纪行文学的研究范围扩大到《皇华集》《使朝鲜录》等其他许多作品。

---

* 徐东日，二级教授，博士生导师。现任延边大学东亚汉文学研究中心主任，延边大学世界一流学科建设杰出人才（特聘教授），延边大学“图们江学者”，延边大学学位委员会委员，吉林省比较文学学会会长，中国比较文学学会理事，吉林省社会科学联合会委员。2014年被评为“吉林省长白山学者特聘教授”，2016年被评为“吉林省第十四批有突出贡献的中青年专业技术人才”。专著《朝鲜朝使臣眼中的中国形象》曾获“吉林省第九届社会科学著作一等奖”“第六届高校人文社会科学优秀成果三等奖”“石轩学术奖”（韩国东方文学比较研究会颁发）等。在中华书局、人民出版社等出版《李德懋文学研究》《朝鲜使臣眼中的中国形象》《朝鲜通信使眼中的日本形象》等专著十余部，在核心期刊发表论文七十余篇。

目前存在的问题有两点,一是尚未对日本人到中国、日本人到朝鲜半岛的汉文纪行文学作品作出很好的整理与研究,没有将东亚汉文纪行文学作为一个整体加以系统研究,结果将互动的汉文纪行文学变成静止、孤立的存在。二是没有展开多学科交叉研究与跨文化阐释,未能开展系统的多视点研究。要解决这一问题,必须运用比较文学中的形象学等众多研究方法进行综合研究。

二、他国形象

比较文学形象学意义上的"他国形象"不同于传统意义上的文学形象——人物形象,其内涵十分丰富,必须从众多角度加以阐释,尤其是要注重从社会学的角度展开研究。

"形象"的几种含义:(1)"形象"是"各民族、游记、想象间的相互诠释"[①]。(2)"形象"是"文学化、社会化过程中得到的异国认识的总和"[②]。(3)"形象"是对他国文化或社会的想象。(4)"形象"是对缺席然而在异地确存的事物的任意展现。(5)"形象"是加入了文化和情感、客观和主观因素的个人或集体的表现。(6)"形象"是对某个作家、某个集体思想中的在场成分的描述,这些在场成分置换了一个缺席的原型(异国),也置换了一种感情与思想的混合物。(7)"形象"是社会集体想象的特殊表现形态。(8)"形象"是对文化现实的描述,通过这一描述,可以发现制作了它的个人或群体置身于其间的文化和意识形态的空间。

由此可见,比较文学形象学意义上的他国形象既是一种文化形象(尤其是一种行为文化形象),是一种社会形象,同时也是一种作者自己的形象,需要运用多学科的研究方法从多个角度进行深度透视。

---

① [法]卡雷、[法]基亚:《比较文学》(*Littérature comparée*),法国大学出版社 1951 年版,"前言",第 6 页,转引自孟华主编:《比较文学形象学》,北京大学出版社 2001 年版,第 2 页。

② [法]布吕奈尔、[法]谢夫莱尔士编:《比较文学概论》(*Précis de Littérature comparée*),法国大学出版社 1989 年版,第 135 页,转引自孟华主编:《比较文学形象学》,北京大学出版社 2001 年版,第 4 页。

三、研究对象与研究思路

1.研究对象

运用比较文学形象学的方法研究东亚汉文纪行文学，其研究对象既包括具体的纪行文学作品，如朝鲜人所著《燕行录》《朝天录》《海行总载》，中国人所著《皇华集》《使朝鲜录》《晚清东游日记汇编》，日本人所著《幕末明治中国见闻录集成》《大正中国见闻录集成》《明治末期最近朝鲜事情》等，也包括对象国的社会与文化，如市肆、器物、建筑、礼仪、风俗、饮食、服饰等，还包括作者及其所在社会，如作者独特的异国体验与感受以及作者所在社会对异国的集体阐释，即“社会集体想象物”。

2.研究思路

运用比较文学的方法研究东亚汉文纪行文学的核心在于紧紧抓住作者描述他国或塑造他国形象时所呈现的文化误读。首先需要真正弄清他国社会文化的原型，其次应了解作者怎样、在多大程度上偏离了原型，最后，认清作者为什么偏离了原型——要做到这一点，就必须强调创作主体的定位。

四、朝鲜人日本观的演变

东亚纪行文学作者对异国形象的感知、描述与其隶属的社会、阶层对异国的集体想象密不可分。

壬辰倭乱之前，朝鲜士大夫虽然以“华夷观”观察日本社会，带着文化优越感审视日本文化，但在指称日本时，大多数通信使使用中性的“扶桑”“桑域”“日本”等词汇，力主建立两国平等、和睦的关系。虽然有时也使用“倭”字，但没有出现朝鲜中后期用“蛮”“蛮夷”等词敌视、贬毁日本的现象。

随着壬辰战争的爆发，日本文化的异质性显露出来，日本侵略者表现出凶残、狡黠的一面，极大地影响了朝鲜社会的日本观与日本人观。壬辰倭乱之后（16 世纪末至 17 世纪上半叶），朝鲜人对日本的称谓发生了较大变化，大量使用“倭酒”“桑王”“倭婆”“主倭”等具有贬义的词汇，甚至将日本人比喻成“狼”“豺”。

基于对日本的这种集体想象，17世纪上半叶，朝鲜通信使对日本人形象的描述是否定性的，在自己的作品中大量描述日本人野蛮残暴的行为，称他们为“倭寇”，认为“残忍”“见利忘义”“丧失人伦”是整个日本的民族性格。

17世纪下半叶至18世纪中叶，日本政治安定，经济繁荣，朝鲜士大夫对日本的盲目敌视逐渐缓和。但由于他们仍对倭寇的侵略耿耿于怀，再加上“华夷观”的影响，仍将日本视为“夷狄”，存在轻视和不信任日本的心理，产生了强烈的“反日尊明”的民族意识。

在这种社会集体想象的影响下，朝鲜士大夫的社会意识呈现出一种比较怪诞的现象：一方面肯定日本在政治、经济方面的发展，认为日本的富裕不仅来自自然物产的丰富，而且还是商业贸易活跃的结果；另一方面，始终以明朝的制度与风俗为标准，自诩朝鲜保留的明朝文化要素最多，是中华思想的继承者，并试图在现实中寻找具体依据，如服饰、冠婚丧祭等。

五、创作个体的异国形象塑造

具体到纪行文学的创作个体，他们在塑造他国形象时表现出不同程度的差异。这是因为异国形象是作者情感与思想的产物，他们在深入观察、感知异国的过程中，由于具体身份不同、观察时间与观察程度不同、受身边人影响程度的不同，每个人对异国的感知也有所不同，而形成了各自对异国的独特看法。

具体说来，朝鲜通信使团的正使、副使、书状官呈献给朝鲜国王的“使日日记”往往顾及中日两国的外交关系以及朝鲜朝的对日政策，受集体想象影响的成分较多；而其他随员（如金世濂）撰写的《使日日记》则较少存在这方面的顾虑，较自由、较客观地描述了日本的社会与文化。

六、日本的服饰形象

朝鲜通信使是带着“小中华”的文化优越感评判日本的服饰文化的。朝鲜朝制定了包括服饰制度在内的诸多烦琐的儒家礼仪制度，并以自身文化观照日本人的形象及其衣冠，认为凡是不符合这种标准的服饰文化都是野蛮的、劣等的，其结论必然是一种文化误读。譬如，在深受儒家文化影响的朝鲜半岛，人们将人的身体视为欲望的渊薮，要遮蔽起来以别男女、节私欲，朝鲜通信使认为日本人用半幅青巾遮护下身，“不甚秘之”。

带着对儒家文化的深刻认识与高度认同，朝鲜通信使将不符合儒家衣冠观念的日本衣冠视为异端，评判其“诡异”“怪异”。将“异”界定为“诡”和“怪”，表明了态度上的不认可和观念上的不认同，其实是将异国文化他者化、妖魔化的表现。朝鲜通信使较为全面地接受了中国儒家“华夷观”的影响，习惯于用服饰作为划分“华夷”的标准，认为只有束发戴冠才是文明有“礼”的行为，染齿是落后、不文明的表现，“不冠不见黯”[①]乃君王、百姓着衣之道。因此，对日本人的剃发、染齿、斑衣的民族习俗以及等级不甚鲜明的衣冠制度，朝鲜通信使均加以他者化，标为“诡”“怪”的异类，最终刻画出“丑类”“非人”的形象。

七、日本社会风俗形象

面对日本社会上的游女娼男之风、男女共浴之景以及普通女子毫不羞涩地在外裸露身体等现象，朝鲜通信使十分惊讶，感叹其“不知羞愧”，并给日本社会贴上“风俗淫乱”的标签，形成了日本风俗“好淫”[②]的普遍看法：

> 小丘日有倭女聚集，露胸，手指邀约……拍臀挥手招揽，卷裙摆露下身，招引诱人。不见羞耻，风俗淫乱。[③]
>
> 俗尚沐浴，虽隆冬不废。每于市街头设为沐室收其直。男女混沐，露体相狎，略不羞愧。[④]

朝鲜通信使从儒家文化的视角观察日本的社会风俗，以礼教的伦理道德标准

---

① 范晔：《后汉书·马援列传》，中华书局1965年版，第828页。

② [朝鲜]黄杲：《闻见总录》，《东槎录》，《海行总载》第四辑，[韩]民族文化推进会1967年版，第55页。

③ [朝鲜]金仁谦：《日东壮游歌》，[日]高岛淑郎译注：《日东壮游歌》，[日]平凡社1999年版，第186～187页。（引文有改动）

④ [朝鲜]金世濂：《闻见杂录》，《海槎录》，《海行总载》第四辑，[韩]民族文化推进会1967年版，第24页。

考量日本的两性意识，必然导致文化的误读与形象的异化。日本受本土神道教的影响，肯定人的自然情感，追求人性之真，形成了独特的两性审美，但这种不拘礼法、率性而为的现象在秉持儒家礼法观念与文化优越论的朝鲜通信使看来则是不堪入目的行为。通信使的评判及其所定位的日本人形象不仅体现了朝日文化之间的隔膜，而且还是他们基于自身文化观念与道德意识作出的污名化。带着对异质两性观念的强烈排斥和狄夷观，朝鲜通信使最终将日本人他者化为“禽兽”“好淫”“鲜耻”的群体形象。

八、日本的自然、城市形象

朝鲜通信使大多承认日本是一个美丽的国度，较为客观、细致地描绘了日本各地不同的美景。

最成功地描写了日本景致之秀美的通信使当属金绮秀和申维瀚。1876 年出使日本的金绮秀这样描写日本的风景：

> 山多明媚，水少涟漪，盖海中之山类皆平远蕴藉，而海边之水不得澄清寒冽也。自赤间关至江户，所见之山，一例袅娜，无险怪戌削之气。[①]
>
> 自赤关至神户港，两山夹之，波活浪静。……两岸青山面面可爱，往往人家，背山临水。村巷高低窈窕错落，对之惘然，如逐水渔舟望武陵桃源也。[②]

即便是在批判日本人的文化劣根性时，金绮秀也没有忘记赞叹日本自然景观的秀丽，可见日本的美景对他具有巨大的感染力。尽管通信使对倭寇的侵朝暴行怀有刻骨的仇恨，但都能比较客观地赞美日本秀美的自然风光，这是值得肯定的。

除了描绘日本的秀美之外，朝鲜通信使还重点刻画了日本山水的壮美，富士山就是典型的例子。富士山的壮美体现为其高耸入云，山顶常年积雪使一向以金刚

① [朝鲜]金绮秀：《日东记游》卷四，复旦大学文史研究院编：《朝鲜通信使文献选编》第 5 册，复旦大学出版社 2015 年版，第 410～411 页。

② [朝鲜]金绮秀：《日东记游》卷一，复旦大学文史研究院编：《朝鲜通信使文献选编》第 5 册，复旦大学出版社 2015 年版，第 344 页。

山为傲的朝鲜通信使深感惊愕。

玉立秋山势最尊，山头积雪四时存。
天倾杞国撑为柱，地缺炎方补作根。
中州五岳四方尊，尚说三山左海存。
南宗智异双溪秀，东峙金刚万瀑翻。①

俯视群山若蚁封，去天盈尺断人踪。
自是真君分海岳，文殊莫詑最高峰。
秦皇当日议东封，更遣徐生访远踪。
采得仙丹不归去，清风留作屹然峰。②

中天半插圆峰起，积雪高临大壑寒。③
神仙频觉三山近，气色高临五岳多。④
缥渺秋山露半边，海门苍翠万峰连。
寒光尚带鸿蒙雪，爽气遥含碣石烟。⑤

日本意象历来与仙境传说相关，朝鲜人眼中的日本总是离不开仙境的想象。唯有在壬辰倭乱的特定时代背景下，朝鲜人将日本想象为充斥着血腥气的荒蛮之地。随着对日本的描述渐趋客观，朝鲜人对日本风景的集体想象也愈趋乌托邦化，在赞颂金刚山的同时也开始称颂富士山的美丽。18 世纪下半叶，日本的仙界意象逐渐消退，取而代之的是对朝鲜自然美的自觉意识，有些人甚至认为朝鲜才是仙

① [朝鲜]南龙翼：《南壶谷扶桑录》，复旦大学文史研究院编：《朝鲜通信使文献选编》第 2 册，复旦大学出版社 2015 年版，第 311 页。

② [朝鲜]南龙翼：《南壶谷扶桑录》，复旦大学文史研究院编：《朝鲜通信使文献选编》第 2 册，复旦大学出版社 2015 年版，第 310 页。

③ [朝鲜]金世濂：《槎上录》四，《富士山》，《海行总载》第四辑，[韩]民族文化推进会 1967 年版，第 289 页。

④ [朝鲜]金世濂：《槎上录》四，《富士山》，《海行总载》第四辑，[韩]民族文化推进会 1967 年版，第 290 页。

⑤ [朝鲜]南龙翼：《南壶谷扶桑录》，复旦大学文史研究院编：《朝鲜通信使文献选编》第 2 册，复旦大学出版社 2015 年版，第 311 页。

界，塑造了与仙界形成对比的“俗界”日本。

通信使认为日本风光的秀美不仅来自天然，而且还与日本人的努力和良好的卫生习惯密不可分。他们写道：

两岸楼台三十里，中开湖水绕青山。
……
邑邑人家皆粉壁，都都形胜尽金城。
休言海岛诸蛮陋，可与荆吴列国争。①
街尘不起平开砥，屋瓦无差远戢鱼。
……
竹立千竿青作带，墙高四面白为涂。②
层城缭绕水萦廻，壁店金楼次第开。
……

以上诗作中，通信使以自己的所见所感客观描述出日本的环境，纠正了朝鲜社会对日本之“蛮陋”（不文明、落后、贫穷）的集体想象。他们认为，是日本人的不懈努力让湖水、江水穿城而过，形成了“两岸楼台三十里，中开湖水绕青山”“层城缭绕水萦廻”的水绕城、城围水、城市与山水融为一体的人间美景。不仅如此，日本人还实现了“邑邑人家皆粉壁”“街尘不起平开砥”“墙高四面白为涂”，这是同每个日本人的努力分不开的：

其茶房花木池沼，极其巧丽矣。……行路皆以清水洒扫，极尽恭敬。③

自入陆路，治道如砥。左右作小垣，高四五寸广尺许，披以莎草，植以松杉。

---

① ［朝鲜］赵曮：《大阪城杂咏》，《赵济谷海槎日记》，《海行总载》第七辑，［韩］民族文化推进会 1967 年版，第 202 页。

② ［朝鲜］金世濂：《江户杂咏》，《槎上录》，《海行总载》第四辑，［韩］民族文化推进会 1967 年版，第 317 页。

③ ［朝鲜］黄慎：《东槎录》，《海行总载》第八辑，［韩］民族文化推进会，1967 年版，第 360 页。

人民满野清扫行尘，马矢一落，奔走除去，俯伏以待。[①]

俗尚清净简素，不喜纷华热闹之习。庭除花木，惟务洁静潇洒。[②]

往来道路，争先洒扫，少无尘芥。[③]

在朝鲜通信使笔下，日本百姓不仅悉心打理自家花园，而且还自觉清洁公共场所："争先洒扫""往来道路"上的"行尘"，一旦看到"马矢"落下，就"奔走除去，俯伏以待""极尽恭敬"地"以清水洒扫""行路"，直到马路"少无尘芥"。这是十分感人的场面，足见日本的洁净程度和日本人对"耻"文化的看重。日本人喜爱洁净、讨厌污秽，形成了一种强烈的羞耻感，生怕被批评为不卫生，认为这是对自己最大的侮辱，是对自己名誉的莫大玷污，因而时刻小心翼翼地维护自身与周边环境的洁净。

16 世纪至 18 世纪，朝鲜朝对日政策较为开放，此时也正值日本封建社会的高峰，经济发达，生活富庶，社会安定，城市文化日趋成熟。通信使一方面力求向日本展示朝鲜文化的优越性，同时也十分关注日本的城郭濠池、市肆和漕轮之制，促进了 18 世纪后期朝鲜北学思想的蓬勃发展。

朝鲜对日本文化的蔑视由来已久，壬辰倭乱之后更是如此，面对日本的繁荣，通信使的态度是复杂的：既不愿承认日本社会的繁盛、进步，却又难以抑制对日本物质文明的向往之情，这体现在他们回国后所撰写的通信使日记与诗作中。金世濂记述道：

望见大阪，闾阎极盛，弥满三十里内。帆樯朝夕乘潮出入，往来者不知其几千百艘。[④]

日夕到倭京，馆于本国寺，即其所谓洛阳也。廛市之盛、民物之众、第舍之壮，百倍大阪。衢路四达，皆如井字。[⑤]

---

① [朝鲜]金世濂：《海槎录》，《海行总载》第四辑，[韩]民族文化推进会 1967 年版，第 78 页。

② [朝鲜]金世濂：《海槎录》，《海行总载》第四辑，[韩]民族文化推进会 1967 年版，第 167 页。

③ [朝鲜]庆暹：《庆七松海槎录》，复旦大学文史研究院编：《朝鲜通信使文献选编》第 1 册，复旦大学出版社 2015 年版，第 230 页。

④ [朝鲜]金世濂：《海槎录》，《海行总载》第四辑，[韩]民族文化推进会 1967 年版，第 19 页。

⑤ [朝鲜]金世濂：《海槎录》，《海行总载》第四辑，[韩]民族文化推进会 1967 年版，第 74 页。

> 既入江户，廛舍第宅之盛，不下倭京。艳姬彩服，烂若云锦，倭京所未见也。[①]
>
> 金银货宝山积川委，都鄙廪庾皆满，……所以百物丰美，繁华烂然，居宅拟公官。……众男女美丽矜华艳。[②]

这些文字对江户、倭京（京都）、大阪的“闾阎”“廛市”“廛舍第宅”之盛以及“民物之众、第舍之壮”作了翔实的描写，称颂市肆上“艳姬彩服，烂若云锦”，记录了商品经济发展所带来的“帆樯朝夕乘潮出入，往来者不知其几千百艘”的城市消费的繁荣。

可见，尽管当时的朝鲜人刚刚经历了壬辰倭乱，内心充满了对日本人的怨恨，将日本人视作蛮夷的看法根深蒂固，但踏上日本的土地之后，他们却仍比较客观地描写了日本的社会状况，表达了对日本繁华景象的由衷感叹。

商铺是当时日本城市的主要商业流通形式，通信使在江户、大阪、横滨等地目睹了当时铺户（典当铺、酒楼、锦缎铺、首饰铺、面铺、花鸟铺、书册铺等）贸易的繁荣，这些与当地人民的生活息息相关。实际上，通信使刚到日本时，接触到的大都是日本百姓的日常生活，随着他们深入到日本内地的都市，工商业更大地吸引了他们。纪行作品中如实反映了当时日本商贸繁荣的景象：

> 市廛人物，雄盛无比。间有将倭之家，接屋连墙。金甍粉堞，照曜远近。[③]
>
> 馆于府东本瑞寺。寺甚宏侈，黄金涂柱，新创未毕。屏障铺陈帐帷，皆用黄金。盘中进茄，其节早可知，食前方丈，金银涂器，其丰侈之盛，远过于所经之处。[④]

---

① ［朝鲜］金世濂：《海槎录》，《海行总载》第四辑，［韩］民族文化推进会 1967 年版，第 92 页。

② ［朝鲜］申维瀚：《海游录》，复旦大学文史研究院编：《朝鲜通信使文献选编》第 3 册，复旦大学出版社 2015 年版，第 314～315 页。

③ ［朝鲜］庆暹：《海槎录》，复旦大学文史研究院编：《朝鲜通信使文献选编》第 1 册，复旦大学出版社 2015 年版，第 241 页。

④ ［朝鲜］庆暹：《海槎录》，复旦大学文史研究院编：《朝鲜通信使文献选编》第 1 册，复旦大学出版社 2015 年版，第 241 页。

神户市栈宏巨雄丽，已骇我人眼目。[①]

（江户）街街巷巷无不巨丽，最低小者亦胜于此。[②]

朝鲜通信使重点描写日本城市的“雄丽”、市栈的宏伟以及百物的丰美，惊诧于日本城市的发达，对日本的繁盛既羡且妒。之所以出现这一现象，是因为通信使受“华夷观”影响，潜意识中对日本存在偏见。因此，真正到达日本以后，亲眼看到四通八达的道路、整齐壮观的砖瓦房、川流不息的车辆人群、鳞次栉比的市廛、琳琅满目的商品，意识到日本远非朝鲜可比，从而产生了巨大的心理落差。在深入日本内地进行考察时，他们自然十分关注日本的商业文明，并在纪行文学中如实记录了日本繁荣的商业景象。

九、结论：研究价值

朝鲜通信使在纪行作品中所塑造的异国日本形象，无论是负面的还是正面的，其意义都在于提供给自我一个“他者”。只不过，在不同的历史环境下，这一“他者”的表现方式有所不同：

当朝鲜人对自己的文明感到充分自信时，“他者”的形象较为低劣、负面；当他们对自己的文明产生了疑虑，“他者”形象则有可能变得正面，成为批判、超越自我文明的参照。可以说，异国形象始终是自文化的一种反映物，既是自我现实的某种反映，也是本国社会集体想象在一定程度上的反映。只有将这种对日本的集体想象同历史进程中的真实日本相比较，才能在历史的连续性中恰当、完整地理解塑造日本形象的真正动机及其意义。

① ［朝鲜］金绮秀：《日东记游》卷二，复旦大学文史研究院编：《朝鲜通信使文献选编》第5册，复旦大学出版社2015年版，第353页。

② ［朝鲜］金绮秀：《日东记游》卷二，复旦大学文史研究院编：《朝鲜通信使文献选编》第5册，复旦大学出版社2015年版，第353页。

21世纪美国小说主题分析与研究

（2020年7月15日）

杨金才*

一、引言

回顾20世纪后半叶的美国文坛，在这段时间里，每年都有新作问世，热闹非凡，但阅读这些作品之后往往会发现，从创作内涵上来看，真正称得上别具一格的创新之作其实并不多见。20世纪90年代，美国文学基本上走多元化、纷争和探索之路；学界、出版界和作家都觉得是1992年诞生的互联网促成了一场前所未有的变革：第一，先是改变了人们交流及阅读的习惯；第二，逐渐迫使作家们改变他们写作的主题、方式和体裁。直到21世纪，"严肃的主流文学"一蹶不振，没有太多人关注，失去了原先的绝对主导地位和影响力。后现代文学的发展标志着严肃文学的退让和通俗文学的崛起。但是，严肃文学和通俗文学是融合的，两者不能绝对对立。

---

* 杨金才，南京大学外国文学研究所所长、《当代外国文学》主编，教育部"长江学者"特聘教授，享受国务院特殊津贴。主要从事现当代西方文论、英美文学、比较文学和英语国家社会与文化等领域的教学与研究。主持国家社科基金重大项目、重点项目、一般项目、教育部人文社科规划项目等个项目，在国内外学术刊物发表论文180余篇，出版专著4部，教育部"十一五"国家级规划教材4部，编、译著10部和其他教材多部，学术成果获教育部高校人文社会科学研究优秀成果二等奖、江苏省哲学社会科学优秀成果一等奖等。先后赴美国、澳大利亚、爱尔兰、希腊、瑞典和奥地利等国家学习、访问研究，曾为美国哈佛大学访问研究生（1996～1998）、澳中理事会研究基金访问学者（2002）、香港大学美国研究中心亚联董研究基金访问研究员（2000）和Starr研究基金访问研究员（2004）。兼任全国美国文学研究会副会长、英国文学学会副会长、英语文学研究分会副会长、中美比较文化研究会副会长、江苏省外国文学学会会长和江苏省研究生教育文学类教学指导委员会主任委员等。

二、简要回顾

我们发现21世纪之交的美国文学:后现代主义文学式微,不再占主导地位,但仍在不同程度地影响美国文坛;作家们运用后现代标志的多种创作手法描写现实、揭示生活的底蕴,在坚守传统的同时努力寻求创新,如后现代现实主义文学(主张从现实主义出发,来反观人类和历史),既运用现实主义手法,又借鉴现代主义和后现代主义手法,但这并不意味着后现代主义已呈消亡图景。特别值得一提的是乔纳森·弗兰岑(Jonathan Franzen),他真正从创作上开启了主题突围。他在2001年创作的小说《纠正》通过具体的生活细节,以充满思考和力量的文字,被誉为一部"享有全球化题材的小说"①。这部富于想象力的实验性小说因其现实主义表现特征而备受青睐。

自21世纪以来,人类面临的挑战与灾难丝毫不亚于20世纪初。人们在欢呼科技文明和经济全球化所带来的便利时依然感到心悸、焦虑与不安。世界范围内的金融危机、领土争端和区域性政局动荡是当下世界历史的真实面貌。民族矛盾、种族冲突和宗教信仰问题不断演绎人类的悲剧,多方位地印证亨廷顿(Samuel Phillips Huntington)的所谓"文明冲突论"。局部战争频繁爆发,伊拉克和阿富汗硝烟不散,"9·11"恐怖事件不断引发人类创伤记忆,病毒和地震、海啸等自然灾害仍频频威胁和啮噬着人类的生命。也许人类就是这样不断地重复着自己的历史,朝着祸福难测的未来悲壮地前行。世界文坛的作家们正以各自的方式打量这个世界,努力以笔作剑,刺痛人们逐渐麻木于种种不幸的心。可见,文学始终用艺术方式追寻与审视历史进程,进而表达思想,其中美学和政治争论的中心常常又是语言跟世界的关系。21世纪作家们在热切地感悟人类文明智慧的同时,或加以拥抱,或加以拒斥。他们积极回应,或参与全球化进程,并在继承中开掘自我,正如获得诺贝尔文学奖的土耳其作家帕慕克(Ferit Orhan Pamuk)那样,能在追求故乡忧郁的灵魂时发现文明之间的冲突和交错的新象征。

---

① Susanne Rohr, "'The Tyranny of the Probable'—Crackpot Realism and Jonathan Franzen's 'The Corrections'", *Amerikastudien/American Studies*, Vol. 49, No.1(2004), p.103.

三、“9·11”与美国文学

1.“9·11”事件

2001年9月11日，纽约世贸双子塔归零，这是美国人永远感到伤痛的日子。恐怖主义/反恐——全球性反恐和冷战思维催生了一种反思生命意义、观照历史，将历史与现实结合的文学文本（俗称“9·11文学”），从此，原本平静的美国文坛喧嚣起来。“9·11文学”把恐怖主义的劫难演绎为美国人乃至全世界人可怕的经历和集体记忆。因此，“9·11”事件确实改变了世界，尤其对美国民众心理产生了影响，从“美国例外论”到“美国非例外论”。反恐战争对后“9·11”文学影响很大，“9·11”文学不仅是美国的文学，而且还是世界的文学。

2.“9·11”事件之后的美国文学

美国“9·11”事件之后，全球性的反恐和后冷战思维逐步催生了一种具有反思生命意义、深度观照历史、并使历史与现实交融的文学文本，或称之为后“9·11”文学。当代作家将“9·11”事件从一场悲剧转化为景观，在创作中巧妙地处理文学创作与民族文化心理建构、文学创作与历史叙事、文学创作与意识形态等诸多关系。美国后“9·11”文学集想象与反思于一体，具有宽广的全球化意识，揭示了遭受恐怖袭击后普通美国人的创伤记忆、心理承受和救赎轨迹。作为生命意识表现形式的人之生存境遇也是作家们乐于书写的题材。大多后“9·11小说”跳过了“9·11”事件本身，去写造成的冲击和后果，挪用再现媒介/跨媒介书写。在“9·11”之后，作者们开始书写家庭，观照现实。此外，“9·11”文学的作者们刻画了一个受害群。菲利普·罗斯（Philip Roth）、唐·德里罗（Don DeLillo）、约翰·厄普代克（John Updike）及其他新兴作家如乔纳森·萨弗兰·福厄（Jonathan Safran Foer）、约瑟夫·奥尼尔（Joseph O'Neill）、科伦·麦凯恩（Colum McCann）等都适时作出了回应。在他们的创作中，人们再次亲历人类的悲哀，并深切感悟浓郁的人文思想以及族裔差异和立场差异。他们在面向未来的同时不无希望地书写全球化、文明冲突、历史记忆以及民族身份建构等时代性命题。美国后“9·11”文学创作以宽阔的视野想象和审视恐怖袭击事件，并注入了历史反思和伦理拷问的内涵：

或书写都市悼歌，描摹普通人的灾难体验；或对全球化时代暴力、仇恨和恐怖的隐秘和逻辑进行批判，具有鲜明的后现代叙事美学特征，即融见证创伤、创伤记忆与叙事以及文学虚构创伤于一体，在后现代语境下思考创伤、书写创伤、诠释创伤并超越创伤，使之演绎成新的历史叙事和创伤书写，并从人性角度探索创伤救赎和人文关怀等命题。

这里引起了我们的思考：第一，"大屠杀文学"和"见证文学"基本上被认为是创伤文学，已经被"9·11"作家借鉴；第二，"9·11"小说经历了从类比的类型小说到杰作的过程。

3."9·11"事件之后的代表作品

乔纳森·萨弗兰·福厄的《特别响，非常近》用远镜头从远距离观照"9·11"。这类小说不会简单地将纽约城市的创伤进行类比，也不会渲染全球恐怖主义，更不会为全球反恐高声呐喊。该作品展示给读者的是一种铭心刻骨的思考，对暴力伤痛后人类思考存在与死亡的意义。所以这部作品是一部具有想象性的文本，用文字语言去描述和再现灾难本身，是一部优秀的文学作品，语言也非常好。正是因为不可靠叙事，才具有文学性。我们可以看到，这部小说里的描述非常生动，不去写大家经常在电视、媒体里看到的"9·11"，而是一种远距离的延伸，把轰炸的场景复活，产生了一种视觉的记忆。小说中写道："我看见一个女人的金发和绿衣着火了，她手里抱着一个毫无声息的婴儿奔跑着；我看见人融化成一池浓稠的液体，有的有三四英尺深；我看见人体像灰烬一样脆裂，狂笑……炸弹不停地降落，紫色的、橘黄色的和白色的，我跑啊跑，我的手在不停地流血……我记得我失去平衡，我记得我头脑中的一个念头：继续思考。只要我还在思考，我就还活着。"[①]读起来，让人感到毛骨悚然。整个作品打破了人物年龄、性别、种族和国籍的界限，以更广阔的视野来探讨恐怖主义对人类的冲击，包括对全球化进程中灾难的思考，融创伤人物、创伤书写和承载创伤记忆图片于一体。小说以"9·11"事件为背景，将两次世界大战和"9·11"恐怖袭击的受害者交织在一起，使每一个受害者个体富有历史和文化

① [美]乔纳森·萨弗兰·福厄：《特别响，非常近》，杜先菊译，人民文学出版社2012年版，第215页。

和意义,这就是远距离的观照,而非像电视和媒体一样直击严肃的“9·11”灾难事件。此外,作品还非常耐人寻味,小说中提到的“老奶奶”可以沟通不同的年龄。这是一部基于文字与图像结合的视觉写作,彰显了小说叙事风格的独特性,也体现了跨界书写的特征。

约翰·厄普代克创作的《恐怖分子》属于直接关注恐怖分子的后“9·11”小说。该作品直接刻画恐怖分子,迎合读者对恐怖分子既畏惧又好奇的心理,以一个普通少年如何被卷进恐怖组织的行动计划,如何心甘情愿地去充当自杀和杀人的人肉炸弹为故事线索,深刻反思美国社会,揭示了当代美国现实生活中存在的信仰问题;反观当代美国社会的信仰危机、文明冲突和伦理困惑,可以得出警示:伊斯兰极端恐怖分子的宗教观念是一种被扭曲、被误导的信仰,并非正统伊斯兰教教义。厄普代克在一定程度上批判了美国普遍的信仰危机,但也不乏刻板化的社会观照和再现。该部作品展现了历史事件对普通市民的影响。

唐·德里罗小说《坠落的人》也是一部远距离观照“9·11”的作品,讲述了“9·11”后美国一个普通家庭情感离合以及心理和精神创伤的经历,展示了历史性事件对于普通民众日常生活的巨大影响。作者将看似混乱的不同人物的记忆碎片记录下来,再加以汇集,呈现出多重叙事声音。故事主人公基斯,现 39 岁,从事律师职业。“9·11”后,他侥幸从世贸中心办公室逃生,重新回到已经和他分居的妻子丽昂和儿子的生活中。该作品以文学方式揭示日常生活图景,凸显家庭和亲情的意义,并在见证历史、表征创伤中表达伦理关怀和对社会问题的冷峻思考。小说除了惨烈的细节描写外,还有温婉的动情书写:“一个老人在袭击事件爆发时接到了 17 年未曾联系的前妻的电话。”[①]这部作品以文学方式揭示了日常生活图景,冷峻思考社会问题:见证历史,表征创伤;参与公共记忆,疗治精神创伤;表达伦理关怀,蕴含回家、家庭和亲情等主题思想。这里德里罗也在暗示:塔会消失,人终将失去,空白处,唯独记忆、关怀和意义能填补。

约瑟夫·奥尼尔的《地之国》讲述一名居住在纽约的荷兰裔证券分析师一家在

① [美]唐·德里罗:《坠落的人》,严忠志译,译林出版社 2010 年版,第 67 页。

“9·11”恐怖袭击后所受到的精神压力和心理创伤。故事叙事者汉斯自由生活在荷兰，大学毕业后在伦敦工作，结婚生子，随妻子雷切尔到纽约工作，做银行证券分析师。“9·11”后雷切尔执意带着孩子回伦敦，二人婚姻濒临崩溃。小说发人深省：汉斯自嘲是“政治和道义的白痴”。这里延伸出了问题：美国人入侵伊拉克，是否也给当地百姓带来死亡和痛苦？伊拉克人的人权是否也受到侵害？与很多美国人不同，他们总以受害者角度思考问题，迎合美国政府和媒体合力建立的反恐合理性，这是一种单边的狭义的创伤文化记忆，排他的，甚至无视别人的创伤。小说里写道：“美国人其实看不到整个世界。他们以为他们能看到，其实不然。”小说通过文化视野反思和再现历史，特别对美国自以为是的单边创伤和反恐逻辑提出质疑和批评，旨在表达对人类生存与悲情的普遍性思考，彰显作家的使命：忧患意识和人文价值观；关注现实和良知，用心灵去感悟世界。

科伦·麦凯恩的《转吧，这伟大的世界》拼贴了十多个不同人物的故事，这些人物背景不同，靠着可能的姻缘际遇相互联系，都在曼哈顿附近见证了佩蒂特高空行走的“神迹”。人群中有牧师、妓女、因越战失去儿子的母亲和父亲、地铁车站的流浪少年、电脑黑客等，这些人的命运与佩蒂特高空行走联系在一起。世贸中心的奇观改变了他们的命运。小说再现了一个大都市和一个逝去的时代，从中读者依然可以感受到信仰与欲望、爱与迷失、罪与拯救、母子情感以及家庭人伦等。

4.回应恐怖袭击，从本土性和全球性两个方面表达人文关怀

“9·11”文学还不足以构成一个完整的基本文学格局。作家的反应也是因人而异的，不同作家在表达文本意义的时候所采取的文化立场也不尽相同。美国作家同其他国家作家在反思和再现“9·11”历史方面明显存在差异。以纽约为背景的都市悼歌，描摹普通人的灾难体验，勾勒出“9·11”事件后蔓延整个西方世界的焦虑和恐惧心理，建构了21世纪初某种全球性的普遍的迷惑与茫然。尤其可贵的是，这些作品不再单一地写某个地域性的暴力事件，而是总能将其镶嵌在更深广的历史和社会全景中，进而对全球时代暴力、仇恨和恐怖的隐史及逻辑进行批判，高度体现了历史与人性的复杂性。读者看到的既有世贸中心亲历者和普通纽约市民的回忆，又有从恐怖分子本人及其文化视角发出的某种心声。

这又警示研究者必须要立足文本，具体问题具体分析，侧重观察这些作家是如何融见证创伤、创伤记忆与叙事以及文学虚构创伤等于一体，在后现代语境下思考创伤、书写创伤、诠释创伤并超越创伤，使之演绎成新的历史叙事和创伤书写，并从人性角度探索创伤救赎和人文关怀等问题。

事实上，“9·11”文学的内涵十分丰富，既可看作是文学内容，又可看作是文学形式，在一个悲剧时代重新思考人类命运、自由和生命的意义。因此，在表现手法和观照事物方面，“9·11”文学具有独特性，其主题也是多变的。最突出的一点是，作家们将“9·11”事件与其他灾难性事件联系起来，构成某种历史的隧道，如乔纳森·弗兰岑的小说《自由》就别具一格，刻画的是对人类自由的践踏行径和遭受挫折的美国中年人生活景象。

“9·11”事件作为背景，影射阴影下普通人的现实生活与焦虑心态。叙事格调是审讯式的、质疑的，但也颇具个性化。作家在思考人们亲眼看见的一切是否真实，这些历史现象在多大程度上属于个人体验，哪些体验是可以分享的，哪些优势是亘古不变的，适合每个时代；哪些东西是暂时的、易变的。许多故事的叙事者扮演了评论员的角色，总在不停地品评、分析和解释，多少还带有些说教成分。

总之，“9·11”文学的主题很鲜明，始终围绕或影射“9·11”恐怖袭击事件，并将其视为反人性的罪恶渊薮。后“9·11”文学究竟在多大程度上批判了美国的恐伊斯兰症，还是依然参与了反恐，或仇视伊斯兰民族主义？与新闻媒体报道一样，这一文学在一定程度上也在渲染恐怖与可怕，并在国际政治范围内消费它，使其成为世界普通民众关注的焦点。

在全球化、跨国界研究语境下考量包括后殖民文学在内的文学叙事及其对“9·11”的回应，不能仅把视域局限在美国，而应该放眼世界，了解其他国家文学又是怎样反观“9·11”事件及其文学表现的。如今，“9·11”事件成了叙事策略或媒介，不断被书写、被强化。而后“9·11”作家对恐怖灾难的反应也是因人而异的，不同作家在表达文本意义时所采取的文化立场也不尽相同。美国作家同其他国家作家在反思和再现“9·11”历史现实方面明显存在差异。值得关注的是，后“9·11”文学在思考人类命运、参与公共记忆、医治精神创伤、表达人文关怀和重塑伦理价值等方面均有启示性，其对家庭伦理、族裔差异和全球化问题等所做的思考无疑给当代中国文学创作提供借鉴意义。

5.转向普通生活，关注人伦道德

世界性的危机不断，恐怖主义、环境恶化和自然灾害、经济危机等以及各种社会问题让人体会到世事难料和生存危机，认识到生命的脆弱。普通人、日常生活、弱势群体成为叙述的主体，家庭、婚姻、老人和儿童等是关注的焦点。普通人的生老病死、老年人的生活状态和心理特征以及亲情、友情等道德人伦的主题再次突现。探讨逆境中人生的质地，思考人性的命题。如菲利普·罗斯的小说《退场的鬼魂》中，年逾70的祖克曼老人回到纽约后短短几天的城市生活：他们没有体验美好，感受温情，只有羸弱、衰老、无奈、绝望。当初带着憧憬拥抱这个城市，最终却发现自己与之格格不入。比如作品《羞辱》，讲述了一位60多岁的男演员阿克斯勒江郎才尽，接连失败几次后决定放弃演艺生涯，陷入严重的精神抑郁。最后因无法与家人和周围人沟通而选择自杀。

由上所述，21世纪美国小说还具有第三大主题特征，即对弱势群体关怀，书写普通人的家庭生活和情感变化，关注人伦道德、进而反观整个人类的命运。

如果读者关心族裔文学，那么21世纪美国小说在跨国跨民族书写方面也颇有建树。国家、民族、迁徙和流散等主题是移民作家乐意书写的课题。这类作家有莫里森(Toni Morrison)、爱德华·P.琼斯(Edward P. Jones)、科伦·麦凯恩以及哈金等华裔作家等。由于时间问题，不再展开讨论。

总之，全球化开启了世界文化交流、交融以及文明互鉴的新时代，移民成了美国国际政治的焦点。然而，逆全球化带来的各种冲击使移民问题复杂化。移民后引发的国籍变化、文化错位和离散焦虑是当代移民面对的主要困境。美国小说的移民书写再度成为文学创作的热点。作家们总是以创伤、记忆、离散、文化失根和错位等主题书写方式试图突围，探寻走出移民身份的困局。

四、寄语

20世纪70年代以来，外国文学研究内部出现了对传统经典的挑战。新历史主义、后殖民主义和种族批评研究的兴起大大深化了各国文学研究，随后出现的跨国界研究又滋生了不同研究视角和方法。文化研究的拓展更加凸显了文学的外部研究，消费文化、视觉文化等概念的运用又使文学呈现新的面目。同样，文学研究的伦理转向、空间转向以及审美回归等又在不同程度上张扬文学的生命力。生态批评的兴起又唤起了对文学主体性的思考，使文学参与人类文明建设的使命感再度得以彰显。从当代美国文学研究的现状来看，其总体研究范式可以概括为以下几点：

（1）聚焦作家研究，拓宽超越国界的批评视野，研究作家不只局限在国内。

（2）引进语言学研究的方法，如文学符号学研究和文学认知批评等，强调语言学、翻译或跨文化交流的课题。

（3）研究世界范围内文本的流通与跨文化影响，在新的历史时期重新塑造美国价值。

（4）对跨国界的环境相互依赖或类同进行生态批评研究，重新思考人与自然、人与环境、人与动物的关系。

文化研究的确开拓了文学研究的疆界，但文学研究不会因之而失去本色。就英语文坛而言，20 世纪 70 年代以来，它受多元文化思潮的影响呈现出一个显著的特点，即原先壁垒分明的界限已被打破，严肃文学与通俗文学的界限也越来越模糊。有些起初比较边缘的文学作品正逐步走向经典化，具有艺术生命力的作品和思想深刻、观点独特的文学理论流派也将逐渐确立起自己的文学传统，而国内学术界对该阶段文学的研究总因停留在个别作家研究或单部作品介绍、引进层面而显得单薄，缺乏深入、系统的研究。我们应该关注当下文学理论发展动向，从全球化和本土视角对 20 世纪 70 年代以来的英语文学进行系统的阐释，揭示文本创作、民族文化形塑与社会现实之间的互动关系，分析英语国家独特的文化传统、思维方式、价值取向、审美价值，进而把握文化现象背后的思想观念，客观审视当代英语国家文学的发展轨迹与嬗变趋势。应该看到，当代西方文学批评理论因文化研究的渗透而发生变异并逐渐呈多元化态势。当前理论界关注的全球范围内文本的流通与跨文化影响、重视跨国界环境的生态批评和强调语言翻译和文化互动课题等都在不同程度上吸收了文化研究的成果。同时，许多以文化视角为立足点的研究模式也得到了重视。他者、性别、身体、身份等众多文化研究术语已为目前人文研究建构了涵盖多个学科领域的话语网络，提供了切入文学文本、沟通历史与当下的新路径。我们既可以关注当代文学理论的前沿及其走向，又可以某个或若干文化研究术语为研究对象，重点梳理并揭示它或它们在当代外国文学研究领域所形成的特殊话语机制及其理论意义，从而在方法论的高度上把握当代外国文学研究的基本走势。

西方文学理论流派众多，且在某一个阶段或某个时期各领风骚，其思想观念也的确是纷繁芜杂、良莠并存。一些学者在引荐某一西方理论概念时因把握不准而造成讹传，也有一些学者因为过于迷信西方理论而对某一理论趋之若鹜，难免表现出献媚的态度。我们既不要迷信西方理论，也不要对其采取回避甚至排斥的态度。相反，我们应该主动靠上去，亲近它们，通过深入的学习研究了解其核心意义。我们要从具体的理论概念入手，尽可能地从中借鉴和吸收新概念和新视角，为深入的文学研究搭建认识框架。

我们研究外国文学应该了解和熟悉西方学术话语，而我们在这方面做得并不好。长期以来，我们比较注重西方文学理论的译介，但并没有很好地去思考我们该如何正确理解和把握西方各种流行的理论新潮，也没有能扬长避短地吸收和借鉴其中能给人以启发的新视角和新概念，进而将理论视角与具体的作家作品研究结合起来。从目前我国外国文学研究来看，我们基本上采取的是一种“内倾”的做法，即以某种认同的方式跟着西方学者言说，重复别人观点居多，明显缺少一种“外倾”的他者视野。中国学者若想真正表达自己的独立思考就必须摆脱那种“内倾”研究方式而确立一种“外倾”视角，即用中国视角去观照和衡量自己所不熟悉的外国人和事等。这种具有异文化观照的“他者”视野对外国文学研究不无益处。就文学研究的主体而言，“他者”视角可以打开眼界。在传统的一维文学研究模式里，主体一般都是本民族文化的承载者，即自然文化主体。例如，我们研究中国文学，因为我们是中国文化的承载者，所采用的思维方式和研究方法基本上是本民族特有的，很少借鉴和使用外来的方法。如此研究缺乏参照系，难免犯自我中心主义的错误，很容易陷入一种主体束缚和自我限制。外国文学研究也不例外。如果我们一味拘泥于西方学术话语,不能从中国学者的他者视角看问题,同样也会陷入自我限制。我认为我们的外国文学研究成果也应该让研究对象国的学者换一个角度看待自己的民族文学与文化。在全球化时代,我们研究文学必然要有跨国界视野,我主张各种话语体系之间应在平等的基础上进行对话和交流,没有必要去强调谁影响谁之类的文化对峙或文化霸权思想。我们只要自己做得好,我们与外界的交流与对话也就自然而然了。

我坚信我国外国文学研究的发展态势会越来越好。首先,我们正处于新时代中国特色社会主义建设时期,一个充满机遇的发展时代。国家在建设社会主义核心价值体系,推动社会主义文化大发展、大繁荣的进程中会出现不少具有国家目标导向的课题,这对每个研究者提出了挑战,但也提供了机遇。我们可以围绕国家建设的需要探索外国文学创作与社会历史变迁的互生关系。其次,我们会在好奇心驱动下扎实开展多种多样的自主研究,不断探讨外国文学的衍变与发展规律。再则,我们也会逐步加强国际交流与合作,在全球化时代进一步开展跨国界外国文学研究,不断在国际论坛上发出中国学者的声音,特别在西方逆全球化势力日益抬头的今天,我们更要坚定文化自信,立足世界文化多样性和文明互鉴,并在此基础上审视外来文学与文化。

外国文学研究队伍的年轻化是一件好事,不仅说明我国外国文学研究事业后继有人,而且也显示了巨大的研究潜力和发展前景。十多年来,我在编辑过程中接触到很多优秀的年轻学者。他们勤奋好学,思想活跃,锐意进取,其中不少学者还着眼于培育自己研究的国际视野,不断参与国际学术交流,其研究潜力很大。当然,浮躁也是存在的,但关键在于引导。我认为我们应从研究生培养做起,让每一个从事外国文学研究的学人从起步阶段就明确学术规范和研究的基本学术理论,懂得学术廉耻,逐步培养自己读书、思考问题和普查文献的眼光,并积极打造语言功底,为日后独立开展研究打下扎实基础。此外,对于一个外国文学研究者来说,文学知识和理论素养必不可少,同时还要兼具学术品位和国际视野。

五、结语

21世纪美国小说中的历史书写继续关注战争、屠杀、创伤、记忆等涉及人类自我认知与本质属性的命题，突出以史为镜，幻想和勾勒人类未来的图景。后"9·11"美国文学中的记忆书写、生命思考、族裔建构与人伦价值取向等孕育值得深入探讨的多种学术命题，还有待进一步深入开掘。

语料库与平行语料库：制作目的与应用方式

（2020 年 7 月 20 日）

秦洪武*

一、引言

语料库是数据的一种，我们进入数据时代，也就是数据的数字化时代。在数字化时代，语料库的模态和应用也发生了翻天覆地的变化。就语料库而言，无论以何种方式建设，都需要有明确的目的。典型的人类行为不会漫无目的，有意义的语料库创建必然指向特定的研究目标，使用语料库也必须遵守一定的原则和规范。除了运用特定的方法收集语料，要保证收集来的语料方便使用，就需要与计算机"协调工作"，学会按照计算机的规范存储数据和提取数据，最好还要清楚如何有效运用计算机工具进行数据挖掘和语言统计。另外，在全球化时代和人工智能时代，信息交流和文化接触日益频繁，双语资源日益丰富，获取方式也日益多元、便捷。平行语料对于机器翻译模型训练不可或缺，按照特定的目的规范制作平行语料库有望强力推进机器翻译发展。

---

* 秦洪武，博士生导师。曲阜师范大学外国语学院教授，山东省重点学科"外国语言学及应用语言学"首席专家，曲阜师范大学特聘教授，山东省强化建设重点学科"语料库语言学与翻译研究"研究方向带头人。主要研究领域为对比语言学、语料库语言学和翻译理论。在国内外核心期刊发表论文 60 余篇，出版专著、教材、译著 8 部，主持或完成国家社科基金重点课题 1 项、一般课题 1 项、国家重大招标项目子课题 3 项；获得省部级社科优秀成果奖 4 项。兼任国家社科基金和教育部社科基金通讯评审人，外语界多家核心期刊匿名审稿人。现任中国语料库翻译学专业委员会常务副会长、中国语料库语言学研究会常务理事、外语学科发展研究专业委员会常务理事，全国语料库与跨文化研究论坛常务理事。

双语语料包含平行语料，从 2000 年至今，平行语料库的建设和使用已经有 20 年的历史。20 年来，语料库研究和语料库翻译学研究蓬勃发展，但语料库尤其是平行语料库在应用过程中尚有诸多问题有待解决。改进什么、如何改进是今天报告中要和大家分享、探讨的内容。我希望本次讨论能帮助大家更多地认识语料库的用途和局限，有效地运用平行语料库从事外语教学和研究。

二、语料库的创建

1.语料库创建:有目的的行为

我们先探讨语料库创建的目的，语料收取、抽样的原则以及实时方式等。首先是语料库创建的目的，大多数情况下，人的行为都是有目的的，建设语料库自不例外。先建立语料库，再看它能做什么，是完全颠倒目的——行为关系的。一般应该是这样:我要做什么，要做的研究是否需要数据，是否需要用计算机存储数据，如果回答是肯定的，就可以考虑建设语料库。数据使用还有多种表现形式，比如浏览书籍获取信息、综述前人研究成果。如果你做的是这类研究，可能就不需要建设语料库，因为如果观察对象有限，研究者可以通过肉眼观察加个人思考、归纳总结加解释来完成研究任务。就我个人经验而言，当我面对大范围内的大量文本，想从中查询某些信息或描述其整体特征时，鉴于肉眼观察范围有限，工作记忆容量有限，我会考虑创建能为我所用的语料库，让计算机帮我处理我难以处理的信息。

2.语料库创建:原则和规范

语料库建设是有原则的，语料真实，语料样本有代表性，这些都是原则。既然有原则，违背原则就可能产生严重的影响，能否严格遵守原则和规范会影响研究结果的可信性和可靠度。最基本的一点，我们需要明确语料库类型，如我们需要建设平衡性的语料库还是监控语料库？这个问题接下来我会用实例来解答。一般说来，语料库肯定会涉及语料来源的平衡性问题，这是语料库建设的行为依据。如果要研究汉语，可以把汉语小说拿出来作为研究对象，当然也可以作为统计对象。小说语料统计时产生数据，如名词、动词以及其他常用词计算出词频。这些词频数据统计结果能反映汉语使用的现状吗？百分之百不行。这是因为，统计对象只是小说，我们平常所说的话、工程技术人员所说的话、一般的说明书、一般的广告宣传等并没有被考虑在内，而它们都能反映汉语使用的现状。如果连汉语使用的范围和各类文本的多寡都不考虑，单凭小说语料得出的结论无法全面反映汉语的使用状况。总之，如果研究汉语使用的整体状况，只以小说为研究对象，其代表性就会很差，这样收集的语料无法胜任描述汉语使用现状的任务。

由此可见，需要从设计上避免和解决代表性差的问题。设计时要充分观察研究对象，实事求是，把握语料整体的实际情况，借此设计语料抽样结构，实现语料的平衡。语料收集时注意到了平衡性，但如果人为偏向一端，会导致其他部分语料的收集被忽略或不充分。比如：通用语料库中小说占 99%；新闻占 0.5%；学术写作占 0.5%。这样可以吗？显然不行。凭常识找不到这样设计的理由。为什么小说占 99%，其他两部分各占 0.5%呢？按照一般的经验性认识，新闻是看得较多的一部分。就我个人而言，看的学术写作也许多于小说，所以我猜大多数人看小说的时间不会到个人阅读时间的 99%，这意味着语料本身无法代表大家使用汉语的现状。

语料库应该包含哪些语料、哪一类语料，各类语料所占比例该为多少？这些在建库之前都需要作基本的评估，评估就涉及抽样结构问题。谈到抽样，大家会想到抽样是为了让收集的语料具有平衡性和代表性。既然有这个目的，就可以本着这个目的设计抽样方式。语料首先要真实，这一点技术上不存在问题。相比而言，平衡性就不那么容易做到，因为需要确定每个样本类别的比例和数量，按这种抽样结构收集的语料才可能平衡，才具代表性，才能供研究使用，得出的结论才能可靠。平衡、有代表性的语料库是科学建设的语料库，也是研究者眼中理想的语料库。

需要指出，抽样意味着必然有整体，也就是全体。没有对全体语料的认识，所谓的抽样结构也就不是真正意义上的抽样结构。

三、语料库发展史

最早可机读的语料库（又称“电子语料库”），是 1963～1964 年美国开始建设的布朗语料库（Brown Corpus，简称“Brown 语料库”），另一个是英国 1970～1978 年建设的兰卡斯特-奥斯陆/卑尔根语料库（Lancaster-Oslo/Bergen Corpus，简称

"LOB 语料库")。Brown 语料库首先建设,LOB 语料库克隆了 Brown 语料库的创建方式。需要注意的是,两个语料库对语料总体和抽样的基本认识。建设 Brown 语料库之初,建库者就将总体定为 1961 年在美国出版的书面文本。LOB 语料库也采用这个方式,将语料总体定为 1961 年在英国出版的书面文本,二者时间相同。那么,Brown/LOB 语料库如何从总体中抽样?依据是什么?样本有多大?Brown 语料库总体的样本分布以布朗大学图书馆当年收集的书和期刊为准,各类别、各种题材占比参照布朗大学图书馆 1961 年馆藏书刊及分类比例。与之相似,英国 LOB 语料库分类和题材的比例参照英国 1961 年国家图书目录。需要指出的是,英国和美国的图书分类基本相似,容易相互认可,所以 Brown 和 LOB 家族使用的是同一个抽样结构。

对总体和抽样有了初步认识之后,我们可以基于对抽样和代表性的认识追溯以往使用语料的方式。18 世纪中叶,塞缪尔·约翰逊(S. Johnson)编纂的对英语发展有深远影响的《英语词典》(*A Dictionary of the English Language*),这本号称第一部真正有意义的词典也是使用语料的。塞缪尔·约翰逊作这本词典时,力求选词有据,来源就是他可以掌握的资源,有诗歌,甚至还有他自己的著作,等等。需要注意的是,虽然他用的语料无法明确定义总体和边界,但其中的语料有据可查,有源可溯,每一个例句的来源都是明确标示的。当时个人难以定义总体和结构,抽样结构就无从谈起,这确是早期语料库存在的问题,当时受技术所限,我们不能因此苛责先人。同样,中国历代《说文解字》注疏大量使用经典文献例句,对词的解释和解读也是根据经典文献作出的。即从经典文献库提取有用信息,支持作者的释义和解读。在计算机可读语料之前最接近当代语料库的是英国英语语料库(Survey of English Usage, SEU)语料库。该语料库的特点:分体裁、分文体(口语和书面语)、有一定规模(达 100 万词)。大家要注意,这 100 万词是在没有计算机辅助处理情况下实施检索和排列的,难度可想而知。另外,这个语料库反映的不是普通人的语言使用,而是知识阶层的语言使用状况。语料使用显然经历了从经典文献获取样本到日常语言获取样本的认识过程,对语料来源认识的加深自然加深了人们对语料抽样必要性的认识。

那抽样结构是不是一成不变的呢？并不是这样的。比如，Brown 家族的语料库使用的抽样结构有本可依，被认为是合理、有代表性的。但若细究这个问题，以布朗大学的图书馆为依据选取样本来代表美国英语也存在问题。原因可以想见，大学图书馆可能因各种原因造成期刊或图书收录不全，总体本身就可能是问题。意大利语的语料库（Corpus di Italiano Scritto，CORIS；1998 年开始建设，可在线查询）是两三年更新一次的监控语料库，与 Brown 家族语料库的抽样方式和比例不同。抽样方式上，它更强调样本的完整性，而不像 Brown/LOB 语料库那样强调样本大小的一致性；在样本的多样性上，不像 Brown/LOB 语料库那样严格划分体裁，而是允许、尊重体裁（如新闻）间的兼容性。CORIS 样本包括报刊、一般的写作、学术写作，还有小说（见表 1）。

表 1　意大利笔语语料库分库结构　　单位：百万字

分库	库容
新闻	38
小说	25
学术文献	12
法律和行政文献	10
杂集	10
纪念品	5

虽然分库结构上看 CORIS 和 Brown 语料库基本一致，但比例不同。其中，新闻报道达到了 38%，这和 Brown 语料库不同，但反映了意大利语使用的实际状况。

除了上面谈到的语料库，其他语料库如英国国家语料库（British National Corpus，BNC）、美国当代英语语料库（Corpus of Contemporary American English，COCA）是大家常用的在线语料库。这些语料库好用，而且免费，当然免费也是基于使用限制的。这些语料库用于检索和观察特定英语项目的使用情况。对于英国学生而言，使用 BNC 不一定频繁；但是对于以英语为外语的人来说，BNC 是可频繁使用的英语用法参考资源。在今天看来，50 年前的 Brown 语料库和 LOB 语料库基本不用了，因为库容太小，时间相对久远，使用更新、更大的语料库是自然倾向。当然，BNC 也不是完美的，因为它存储的是 20 世纪 90 年代初的英国英语语料，到现在也已经有三个年代。与之相比，年年都在更新库容的 COCA 更能反映当下语言使用状况，也更可能被大家选择使用。

1.监控语料库

监控语料库（monitor corpus）不是指用语料库来监控人，但 monitor 确有监控之意（regularly check its development or progress），就是定期核查观察对象的进展情况。监控语料库中的语料每隔一段时间会更新，库容逐渐增大；监控语料库的另一重要特点是语料更新和库容扩展一般采用一致的抽样结构，这就是监控语料库。已故的肖忠华先生（Richard Z. H. Xiao）在语料库方面的贡献特别大，对汉语语料库的贡献也很大，他在 2010 年左右意识到靠抽样为主的代表性不再处于第一位，如果要把握一种语言的使用状况，语料大小是非常重要的。从语料库库容上看，英文网络新闻语料库（News on the Web Corpus，简称“NOW 语料库”）这个监控语料库比较典型。它每个月都有一次更新，事实上每天都在更新，每天都有几百万词，甚至千万词的更新。这种监控语料库用于语言研究自然好；当然，它更擅长的是研究语言之外的东西，如文本、话语的社会文化甚至意识形态分析，也就是作话语分析。我们原来想象的百万词、千万词、一亿词级的大语料库现在看来已经不算大语料库。

现在，我再谈谈 LOB 语料库和 Brown 语料库的抽样，我想再次强调抽样的重要性。如果做的不是总体全部收录的语料库，就需要对整体有一个认识然后考虑从中抽样。大家知道，Brown 语料库的抽样结构包含四个大类，各大类再有次分类，每一次分类收集的样本数都不一样，所占的百分比也不一样。第一大类是信息性文本（informative），另一大类文本是想象性文本（imaginative，也可译为文艺创作）即文学文本。

然后是大类中的次类，以及样本设置的数量和比例，这样设置使抽样结构层次分明、关系明晰，而且一目了然，便于操作。用同样标准建设的语料库就具备可比性。比如，不同时期同样的方式来抽样，至少它们体裁、类别可以比较，如果定期研制这类语料库，语料库可以用作历时研究，具备和监控语料库相似的功能。美国英语书面语语料库（Freiburg-Brown Corpus of American English，FROWN；1991）和英国英语书面语语料库（Freiburg-LOB Corpus of British English，FLOB；1991）就是这类语料库。

需要说明，面面俱到的语料库是不存在的，完全具有代表性也不存在，而且，代表性本身就是一个有争议的问题。

2.双语语料库

双语语料库也叫“multilingual corpus”，又叫“多语库”，包含两个意思：第一，这个库有多种语言；第二，多种语言之间可以是翻译关系。就多种语言来说，可以是具有可比性的两种语言文本，如英语旅游文本和汉语旅游文本两个子库，两个子库放在一起就构成双语语料库。因为都是谈旅游、介绍景点，主题一样，所以具有可比性，可用来比较英汉语旅游文本构成的异同，并为对外旅游推介提供咨询和建议；就具有翻译关系而言，也就是我们所说的翻译语料库，库中的英语和汉语文本有对应关系，所以又称作平行语料库。可比/类比语料库和翻译语料库可以用于译本语言比较和对比语言分析，综合运用还能支持翻译与目标语发展研究，比如：汉语和汉语之间的历时对比，汉语翻译语言和汉语日常语言之间的对比，等等。通过对比观察两者之间是否有重合性，有重合性就被认为是相互有影响，这是语料库语言分析可以描述二者互动的方式。

使用双语语料库还可以进行翻译与文化传播研究。翻译作为一种语言，是一种文化传播手段，翻译和非翻译手段传播有什么异同？这需要进行比较，也就是比较翻译文本和非翻译传播文本。借助平行语料可以观察译文的语言偏移、忠实性以及文化项目的处理（归化、异化），等等，但译文之间的差异能否直接关联传播效应的差异？翻译的忠实性在文化传播中能否决定译本的传播？这需要从文化传播视角去考察，翻译与文化传播不仅要看翻译，而且还要看翻译之外的东西，要把一个译本放在大的语义环境下去观察，看人家对译本的选择，接受的偏好，然后再观察翻译行为是否需要根据这些因素作出调整。这种考察翻译的方式是独特的，能为当下翻译研究过度泥于宏观理论建构，过度泥于源语—译语比对、纠错的倾向提供一种不同的维度和新的选择。

四、语料库抽样结构完善:理念和技术

BNC在20世纪90年代使用的基本抽样结构最大特点是增加了LOB语料库和Brown语料库没有的口语语料。口语库被加进语料库是一个革命性的认识。这里需要注意的是,以前大家认为普通人所说的话没有学问、没有水平,所以不能纳入语料库进行研究,也没有必要。但是描写语言学告诉我们口语不仅有必要,而且非常重要,因为口语库代表的是语言使用最鲜活、最真实和最具活力的部分,这是语言研究认识上的改变。BNC首先增加了口语库,它满足了我们对言语研究的需求。另外,以前收集语料强调出版,LOB语料库和Brown语料库也有杂类,但是其杂类必须是书面已经出版的,而在BNC中则没有这一要求,它是开放性的,语料收集更强调分类,并不特别强调是否已经出版,这也与Brown语料库和LOB语料库理念不同。另外,可能大多数老师不知道美国国家语料库(American National Corpus,ANC)这个语料库。该语料库的特点不在于书面语料,而在于口语库:有电话、演讲、访谈。ANC这个语料库是对外开放的,语料规模2000万词左右,但是其口语库很有价值。需要指出,ANC的抽样结构与其他语料库也不一样。

以上分析说明,抽样结构不是一成不变的,要根据自己对总体的认识建立抽样结构。语料库抽样框架可以因库而异,研究者的研究目标、研究目的不同,语种不同,这些都会使抽样结构表现多样的形态。那么,它们之间有没有可比性呢?同样是英语,不同的语料库在非科幻小说部分就存在很大差异,科幻小说自然也相应存在差异。如果是这样,这几个语料库是不能比较的。SEU于20世纪50年代开始建设,ICE于20世纪80年代末90年代创建,BNC是于20世纪90年代后建设的,这三个抽样结构不同的语料库不太能反映英语的历史变化,可比性不高。国际现代及中古英语计算机档案中心(International Computer Archive of Modern and Medieval English,ICAME)是一个国际语言和信息科学家组织,主要研究对象是英语机读文本的处理问题,对可读语料进行收集建设,同时,建立分享机制分享英语机读语料和语料库建设信息。另外,该机构还要分享基于语料库的研究信息,还

需要编制语料库档案，谁用了什么，运用的哪种方式，它都可以提供咨询或者其他技术支持。一旦这些库联系起来，要用时，就可以通过有偿的方式获得语料库副本。值得注意的是，有偿服务意味着收费，但是收费是为了给那些提供语料库文献的人，比如说作者或者作者的后代，这样就解决了版权问题，同时也鼓励协作。重要的一点是信息互通后，便能避免重复建库。避免重复劳动也是我们在建设语料库时需要特别注意的问题。尽管有这样的机构，尽管语料库的建设越来越科学，但是我们一直认为科学的建库方式未必一直是科学的。随着时代的发展，信息技术的日新月异，我们对语料的基本认识没有变，但是认识深度和广度发生了改变。比如，大家知道为什么要抽样吗？抽样是因为整体太大。需要指出，我们对总体的认识其实是值得怀疑的。很多情况下，总体只是我们猜测出来的、想象中的存在，而不是实在的东西。大家认为想象的就是总体，然后从中进行抽样，而且认为这是科学的。但是这个总体并不一定就是总体本身，因为我们认识的局限性影响了我们对总体的认识，不然不会出现不一样的抽样结构。对总体有了怀疑，对信息技术的发展有了新的认识之后，大家注意到一个问题，抽样是必需的吗？在并未完全把握总体的情况下，抽样的科学性也值得怀疑。

鉴于此，我们可以重新思考常常挂在嘴边的抽样。约翰·辛克莱（John Sinclair）对总体和抽样有他独特的认识，现在机读的能力很强，原来 100 万词需要花费很久的时间，现在 100 万词连半秒的时间都用不到就可以完成，1000 万词，1 亿词，100 亿词的数据都可以胜任。原来是一本小说去掉开头和结尾，只取中间部分，就相当于代表整部小说；现在呢？只需要选好这本小说，全部收录就可以。另外，文本、体裁可能是不断变化、特征交叉的，或者说某些体裁被舍弃了，也就不存在了，这完全有可能。建设历时语料库时就要考虑这一点，不要脱离实际找“平衡”。比如现在打电话和发短信都变少了，一般都用微信。原来打电话是主要语料，现在打电话不一定是主要语料；进一步说，现在多数交流是多模态的，不只是有声音，还有文字、表情等等，那么这些语料可以被收录吗？是我们所说的语料吗？回答是肯定的。

五、语料的处理和存储

1.语料的处理方式

根据词性线索来检索一种句法形式是可以用的。一般检索内容用得比较少，所以一定要根据研究目的来确定是否需要进行赋码，也就是加上词性(POS)标签。比如，汉语的标注，可以一次自动完成的是词性标注，它比较简单。相比而言，句法标注体现的信息比较多，比较复杂。要标注“山东大学威海校区老师同学们早上好，我们一起开心探讨语料库”(见表2)。

表2　句法标注示例

1			wp	w	_	9	标点符号	_	_
2	山东	山东	ns	ns	_	3	定中关系	_	_
3	大学	大学	nt	nis	_	5	定中关系	_	_
4	威海	威海	ns	ns	_	5	定中关系	_	_
5	校区	校区	n	n	_	6	定中关系	_	_
6	老师	老师	nz	nnt	_	7	定中关系	_	_
7	同学们	同学们	nz	nz	_	9	主谓关系	_	_
8	早上	早上	nt	t	_	9	状中结构	_	_
9	好	好	a	a	_	0	核心关系	_	_
10	，	，	wp	w	_	9	标点符号	_	_
11	我们	我们	r	rr	_	14	主谓关系	_	_
12	一起	一起	nl	s	_	14	状中结构	_	_
13	开心	开心	a	a	_	14	状中结构	_	_
14	探讨	探讨	v	v	_	9	并列关系	_	_
15	语料库	语料库	n	n	_	14	动宾关系	_	_
16	。	。	wp	w	_	9	标点符号	_	_

可以看到山东大学校区老师被标注为定中关系，还有其他词与词之间的句法关系如主谓、状中、并列等。有了这类标注，我们通过结构检索发现表达特定语义内容时使用了哪些句法手段；当然，也可以同时考察词性的使用。除了这些，还有一种标注，就是长期以来学界特别希望做好的赋码形式：语义标注。说到语义标注，不同人可能有不同的设想。我想象中的语义标注能够对说话人的态度和语境中的句子表达的情感进行赋码。如“他是一条老狗”，这里可能有陈述意义，也可能存在贬义或者比喻意义。这些表层意义之外的附加意义是语言表达的根本意义，能把这些意义标注出来就是我理想中的语义标注。我相信可能在座的老师和同学也会有自己理想的语义标注，但是我现在呈现的语义标注和我们想象的不一样。

China_Z2 is_Z5 ratcheting_Z99 up_Z5 efforts_X8＋ to_Z5 accelerate_N3.8＋/A2.1 the_Z5 construction_H1 of_Z5 new_T3- infrastructure_I2.1/S8＋ ,_PUNC with_Z5 a_Z5 key_A11.1＋ focus_X5.1＋ on_Z5 bolstering_S8＋ the_Z5 development_A2.1＋ of_Z5 superfast_Z99 5G_Z99 technology_Y1 and_Z5 supporting_S8＋ its_Z8 innovative_T3- applications_Q1.2 ,_PUNC according_Z5[i1.2.1 to_Z5[i1.2.2 the_Z5 country_G1.1c's_Z5 top_M6 industry_I4c regulator_O2 ._PUNC

比如 Z8、A11、I2 就是语义标注，语义标注都是类标注。比如，按我粗浅的理解，“I”被标注为人，“馒头”被标注为食物，是一种分类性的标注。大家觉得这一种分类标注有意义吗？从研究角度看，我认为意义还不够大，因为这些分类对我们理解文本没有很大作用。那么怎样的语义标注才有意义呢？我刚才说对语用含义或者修辞意义进行标注才有意义，但现在看来基于或然性建立的标注规则还不能胜任这项工作。

大家如果需要通过语料赋码做研究，我建议依照这样的次序使用标注。首先是看词本身，再考虑词性。如果词性描述可靠了，再去考虑使用句法标注的语料。从目前的技术手段看，除非有特殊研究需要，语义标注的帮助是有限的。

2.语料存储方式

现在我们谈谈语料的存储问题。语料数据存储有几种常用的方式，最简单的是记事本。当然,用 word,pdf 都可以存储语料。但最常用的,最简单的存储方式,同时也是可以用于大多数检索软件上的数据存储方式——记事本文件。记事本存储纯文本,英语是 plain text,指它"朴实无华",没有图片,没有文字渲染(粗体、斜体),且所占内存很小。如果是文字型的语料库,就可以用记事本。现在越来越多的研究依赖记事本,但有时研究者希望文本做一定标记,如句子和段落标记,形成 marked text(带标记文本)。有了这种标记可以在不同的机器间进行信息交换,因为可以根据标记进行分类和存储。特定数据(词、句子等)在文本中的位置,以及与之相关属性也很清楚,不论在哪款软件上都是一样的属性。我给大家展示一下,这是我们常见的语料库,比如,用记事本打开,非常简单的语料排列。

<TEXT>

<TEXT_HEAD> <LANGUAGE>English</LANGUAGE><SL>English</SL><TITLE>TheCricketOnTheHearth</TITLE><AUTHOR>CharlesJohnHuffamDickens</AUTHOR><CATEGORY>2</CATEGORY><STYLE>5</STYLE><GENRE>L</GENRE><PUBLISHER>UnSp</PUBLISHER><TIME>1845</TIME><ERA>A</ERA><SIZE>31036</SIZE>

</TEXT_HEAD>

<TEXT_BODY>

<p id="2">

<a id="8" no="1">

<s id="1"> As if the clock hadn't finished striking, and the convulsive little Haymaker at the top of it, jerking away right and left with a scythe in front of a Moorish Palace, hadn't mowed down half an acre of imaginary grass before the Cricket joined in at all! </s></a></p>

</TEXT_BODY>

</TEXT>

这里所说的标记就是尖括号中的内容。大家可以看到,每一个词都是标记定义的,有语篇位置,还有元数据特征。这和以前我们使用记事本存储语料稍有不

同。记事本所提供的信息太少,而我们在检索时更注重是谁在什么地方用什么方式所说。要实现复合性检索,使用记事本存储方式难以胜任,最好是使用标记的文本,这样才能便于检索。如果研究者知道在哪儿,什么时间,哪个作者,哪个出版社的文本中有这个词,研究者的解读和分析就能有的放矢,有望对数据进行充分阐释,这是我们认为使用语料库元数据标记非常重要的原因。另外,语料检索,最简单的是放在检索软件里,把一个词放进去,结果就出来了,这是简单检索;但是如果遇到一些情况,比如说,我要检索"go"的使用,结果"go"出现了 5 次。而实际情况是,"go"的其他形式如"went"出现了 150 次,"going"出现了 300 次,"goes"出现了 70 次。这样说来,单纯检索"go"的出现频次并不能反映"GO"的使用状况。遇到这种问题怎么办?信息检索技术已经提供了解决方案,即使用正则表达式(regex)实施检索,如可以使用"go|goes|went|going|gone"来检索类符(type)'GO'的各种形符(tokens),提高检索效率。

六、数据和统计

1.统计的主要对象和方式

王克非教授曾说,使用语料库检索作定量分析,有两个法宝:第一个法宝是频率,你需要计数,可以部分使用计算机帮你计数,计数的结果就叫频次/频率信息;另一个法宝就是比较,没有比较就看不出特点,看不出异常值。

举个例子。我们说某个词在文本中运用得多。出现次数多是否有意义?这需要和别的词进行比较,看它用得多有没有意义。如果两个文本频率一样高,可能就没有多大意义。频率加比较事实上构成了我们所说的语料库研究方法。我们也是通过这种方法来发现其他研究手段不容易发现的问题。我们通过语料库来进行翻译研究,它的方法论大家应该都知道,是翻译理论;做教学研究,它是基于教学理论。做语料库翻译研究时要基于翻译的基本理论,语料库在翻译里面可以用吗?奈达(Eugene A.Nida)说过,翻译就是译意思(translation means translating meanings)。意思又是什么呢?根据维特根斯坦,意义就在于语言的使用(the meaning of words lies in their use)。在使用中探索语言意义,"in use"意味着要观察经验性数据,也就是我们所说的文本。如果是翻译,经验性数据之一就是译文。译文是译者留下的痕迹,所以研究译文是在探求、挖掘译者留下的痕迹,这是我们通过语料库来做翻译研究的主要依据。

译文文本和原语文本对比分析,译文之间对比分析产生的数据能对翻译提供重要的数据支撑,从中可以发现一些有意义的问题。其他的研究,包括对比研究,语言研究和教学研究是同样的道理,它有使用数据也就是经验性数据的需求。比如,你需要观察学生的作文,如果不观察学生作业,就不能观察到有意义的语言使用现象。

确定了语料库和翻译学英语语言研究的契合点之后,要考虑使用的一些基本原则和策略,其中也包括数据收集(data collection)和数据分析(data analysis)方法。你需要选择定性分析还是定量分析,是探索性还是证实性分析,等等。确定选择之后要考虑实现途径,如建库方法和检索方法,大概是这样一个研究思路。需要说明的是,我们实际使用平行语料库时,对语料的描述极少是两种语言如英语和汉语同时描述。从技术上说,这样的描述无法实施。使用双语语料或类比语料时一般是把子库(有对比关系)单独拿出来进行描述和分析。如果是多个文本,我们对多个文本单独进行分析。另外,对比是在单语状态下进行对比,很难把汉语和英语同时进行对比(如高差异度分析 keyness)。难道英语和汉语无法比较吗?当然可以。从语料库角度看,可比性如果建立在都表示同样意义的基础上,英语和汉语又是可以对比的。这时,对比的是在表达相似语义时调用了什么样的句法、词汇或篇章资源,这就是基于公比的对比方式。综上,不论是哪种对比,一般是把单一语言拿出来进行数据分析,而不是 A 语言和 B 语言同时进行对比,一般不这样做也无法这样做。

2.数据描述和分析

进行数据描述时发现了异常值(keyness),发现了高值或者低值,下一步就要对数据进行解读和解释,说明出现这样的高值和低值的可能原因。高值和低值在语言上意味着什么，有时候高值和低值在社会文化意义上又体现在哪里？这些都值得思考。

比如我们学校有一个老师在作疫情分析，她进行文化词，和语义词的分析，而不是句法分析，她肯定要分析重大的差异值意味着什么，为什么中国媒体叙述的疫情是这样的，美国和英国媒体叙述的疫情又是另一种样子。难道疫情不是疫情本身吗？这个低级的问题真有问题。数据描述发现，疫情被叙述后并不是疫情本身，而是来自疫情之外的其他东西，如政治目的、文化差异，等等。究竟是什么需要大家去挖掘，那就是数据解读。

需要说明一下。数据分析一个最基本的出发点就是它服务于特定的研究目标和目的。不能先收集数据再考虑用数据做研究，这么做一定是重复性的劳动或者无效劳动。为避免这种情况出现，一定要先作论证，不要先想学习语料库技术。语料库技术到目前为止都是简单的技术，相比语料库技术，有研究想法更为重要。技术可以寻求他人帮助，但是收集的数据是核心，要学会设计数据机构，有意识地积累数据。

另外，语料库描述中会发现令人困惑的差异数据不胜枚举，但不能认为有差异就有意义。有些差异可能表达了彼此不关联的东西，只是碰巧二者同时发生而已，是巧合。这时，需要自己的专业理论知识帮你判断要选择研究的对象是否有价值。

语料库语言学研究时还要注意描述充分。描述不充分解释充分，这个做法以前是存在的，如转换生成语法。当下的研究更倾向于把描述看作是不可或缺的研究环节，描述充分，分类充分，就似是完成了一大半解释。使用语料库不只是为了找例子去证明什么，更多的是让它帮助你发现什么。你可能没有什么先入之见，是语料描述呈现出了以前研究没有发现的东西，这是探索性研究的长处，也是正确的研究程序。我们对语料库要有科学的认识，不能指望它太多，但也不能贬低它的巨大价值。

双语语料库的使用涉及是验证性的研究还是探索性的研究，这是非常重要的。

验证性的研究是经典的、非常有用的研究路径，我们要科学使用它，要继续发扬，因为它可能在某一个环节、某一个有限的范围内对现有的理论构成挑战，甚至提出某种新的理论。但是更多的情况下，验证性分析会局限于某一个理论框架之下，得不出有较大贡献的研究发现。探索性研究的好处在于补充验证性研究的上述局限，让我们在更广阔的视野中探究未知的东西。无论是验证性研究还是探索性研究，语料库都能给予支持；但我认为，要充分发挥语料库的作用，还是应该用它做探索性研究。探索性研究没有先入之见，根据观察到的语料，通过差异分析发现让你觉得惊奇的东西，然后根据这些线索深度检索相关语料，并提出新的理论假设并验证假设，这很可能是别人没有注意到的问题，也能为现有的理论增添不同的视角，增加一些新的观察方法，这是探索性研究的意义。

那么语料库提供的副文本信息（元数据）有什么作用？出版的时间有什么作用？这里简单说一下。这类元数据信息的最大作用是能为精确检索和有针对性的检索提供有效的检索条件。比如，类似于 excel 存储的数据，字段名“year，month，day，country，region”可以成为检索的限制性条件。文本中每一个词的身份，哪个文本，哪家报纸，哪天，哪个国家，这些身份信息就是检索条件。数据库建设好后，按照这些元数据进行检索，数据很快就会提取出来。我想告诉大家，excel 也可以做语料库，这个语料库可以很方便地导入其他数据库，只要懂一点数据库使用，就可以把 excel 数据导入。如果不导入，excel 本身也支持一般的检索，所以建议大家建库时可以使用 excel，它可以存储也可以检索到所存储的语料。

七、结语

在人工智能、深度学习迅猛发展的今天，语料库建设和应用以及与语料库关联的学术研究必然要考虑建设目的、应用方式、研究工具和研究领域。首先，在神经网络机器学习时代，平行语料对机器翻译的支撑能力日益增强，已经成为机器翻译模型训练不可或缺的学习资料。在大数据时代，语料库正在向数据库方向发展，单纯的文本存储不能满足数据分析需求，多模态数据的必要性日益凸显。在数字化时代，语料库建设本身也在智能化。我们的研究有望得到大规模语料库的支持，助力我们在语料库这片天地开拓创新，不断成就新的发现。在语料库翻译学领域，长期以来中国对翻译的特殊需求为我们拓展语言研究和翻译研究领域提供了多种可能，期待外语界同仁投身这一领域，作出更大的贡献。

儒学与人文化成之道

（2019 年 9 月 26 日）

颜炳罡*

老师们、同学们：

大家下午好！非常感谢马克思主义学院（威海）给我与在座各位进行学术分享的机会，我今天报告的题目是“儒学与人文化成之道”。

儒学是中国最富有根源性的文化形态、祖述尧舜、宪章文武，宗师仲尼的文化传统，前人称之为“道统”。“道统”说到底就是中国精神、中华民族的核心价值观。作为积极入世与身体力行的学问，儒家士子具有强烈的家国天下情怀与担当精神，“人文化成”就是儒家家国情怀与担当精神的具体体现。由“天生人成”的“生成”向“人文化成”的“化成”这一论述上的转化意味着儒家知识分子群体意识的自觉。“人文化成”是方法，也是目的，可谓“方法即目的”。它以“人文化成”始，达“化成人文”终。儒家士子积极入世即是“出疆必载质”的谋生手段，更是人文化成使命所使然。几千年儒家知识分子一直走着“得君行道”、以化成为天下的人文路线，现代儒家知识分子回到“泰州学派”，走“觉民行道”的人文路线，将“道”之传承与担当还给大众、还给百姓，是实现儒学的创新性发展的路标之一。

具体展开，我今天的报告分为以下四个方面：第一，什么是人文化成；第二，人文化成，首在自化，儒学是躬身修己之学，自化就是要自我学习；第三，人文即人伦，

---

* 颜炳罡，山东临沂人，1983 年毕业于山东大学哲学系，留校任教至今。现为山东大学儒学高等研究院副院长、教授、博士生导师，山东省文史馆馆员、山东省人民政府特聘泰山学者。主要社会兼职有国际儒学联合会理事、中华孔子学会副会长、中国哲学史学会常务理事、山东周易研究会会长等。

是社会运转的一套规则，明人伦既是自化，也是化他；第四，人文化成是儒者的天职、责任，化成是自化而成，也是他化而成。而儒学作为人文化成的践行者与传承者，可以说是中华文化的主流、主干，只有学好儒学、发扬儒学，才能真正落实以文化人、以文育人、以文成人的目标。

一、什么是人文化成

“人文化成”一词出自六经之一的《易经》，所谓“刚柔交错，天文也；文明以止，人文也。观乎天文，以察时变；观乎人文，以化成天下”。在中国文化传统里，人文即是文明，文明即人文，有了人文即有人类文明，有了人类文明即有了人文。人经过社会礼义规范的教化，成为真正的人，这个过程就是“人文化成”。化成的过程是“文化”，即以文化之，以文育人，以文成人。

面对百姓，谁去“化”之，如何“化”之？谁去“成”之，如何“成”之？在古代中国，圣人化之，君子化之，士大夫以及为数众多乡绅化之。荀子有言：“天地生之，圣人成之。”（《荀子·富国》）又说：“天地者，生之始也；礼义者，治之始也。”“天地生君子，君子理天地。”（《荀子·王制》）就理想层面而言，君子、圣人担当着天下化成之责、大众教化之任。然而，圣人，也许千年不得遇，君子也不可能俯拾皆是，而儒者或受儒家思想熏陶的“士”、乡绅等充当社会教化之责。荀子说“儒者在本朝则美政，在下位则美俗”，“美俗”即化民成俗。化成是将自然人转化为真正意义上的人即明人伦、知廉耻、辨是非、通情达理的人。“古之王者，建国君民，教学为先。”（《学记》）“教学”相当于今天的教育，放在社会上就是民众教化，人文化成就是教化而成，没有教化，人将不成，所谓“玉不琢，不成器，人不学，不知道”。

二、人文化成，首在自化

在全球化的视野下，首先要站在当代社会发展的角度审视儒学和站在儒学的角度审视当代社会。站在当代社会发展角度审视儒学，儒学需要与时俱进，与时更化，与时推移。儒学作为古老的思想学说，其中有不少具时性东西包括如规范、命题、观念等已不适合当代社会的发展和要求了，社会的每一步发展都是对儒学一次过滤、一次筛选、一次拣选，儒学只有不断调整自身才能顺乎世界之潮流，合乎人群之需要。“时中”“与时偕行”“唯变所适”“礼以时义为大”等等是儒家处理自身理论系统与历史进程的基本方法，它正是在与时推移中不断走向完善的。站在儒学的角度审视当代社会，社会无论发展到什么程度，都需要人文化成、礼乐规范，当代社会尤其如此。眼下世界仍然不是人类的理想王国，人与环境关系的张力、人与人之间关系的疏离、诚信危机、价值失范等，地球上不少国家与地区可谓“上无道揆也，下无法守也，朝不信道，工不信度，君子犯义，小人犯刑”(《孟子·离娄上》)，令许多有识之士深感不安！儒家对人与自然、人与人关系的深度思考所呈现出的睿智，以及它的仁爱精神、无信不立的原则等对当代社会问题的解决仍可提供一种思考的向度。

冯友兰先生曾言：哲学是人类生活的反思，儒学同样是对生活的反思，不过儒家的反思首先要反思自己。依儒家“反求诸己”“内自讼”“内省”等理念，反思首先是自我反思，批判首先体现在自我批判，只有具备自我批判的勇气，才能有接受对方批判的雅量；同样，只有担负起自我批判的义务，才能拥有批判对方的权利。以往人们往往只注意到儒家的守成性和保守性，而相对忽略了它的批判意识和批判资源。无论是先秦时代孟子与告子之争，还是荀子对子思、孟子、子张、子夏等的批判，还是宋明时代程朱与陆王之争，抑或康有为立足于新孔教的立场对传统儒学的批判和当代新儒家对传统儒学的自我批判，这种自我批判的传统或隐或显，一直未断。儒学之所以能与时更化，生生不息，延续数千年而不绝，原因之一就在于它具有这种自我批判意识。儒学不乏批判、省察现实社会的思想资源，孔子对春秋时代天下无道、礼崩乐坏的批判，孟子对“率兽食人”的战国时代的揭露和对残贼仁义的暴君、独夫的指斥，一直是“为万世开太平”的儒家学者绳绳相继的理念。当然，对现实社会的批判就主观意愿和客观功效而言可分为两种，一种是积极的批判，一种是消极的批判。积极的批判是以敏锐的眼光洞悉现实社会的弊端和指陈现实社会的问题所在，以寻求解决现实社会问题之道，促使其走向完善；消极的批判只暴露社会问题而不求解决问题。而儒家的批判大都是积极的批判，它对现实社会的批判是以人文化成和“修齐治平”为目标的，而不是不负责的情绪化宣泄。当然，儒学也有接受社会检验和批判的度量，在历史上，儒家经受住了一次又一次文化批判乃至“武器的批判”（主要指政治运动）的考验，它并没有因这些批判而消沉下去，相反这些批判从某种意义说，恰恰构成了儒学走向新生的助因。由此我们认为，立足于当代社会发展角度批判儒学，将传统儒学那些与当代社会发展、与真实人性的解放和人的自由全面发展不相应的东西洗涮干净，荡涤儒学之腥秽，以期儒学以清爽、洁静、健康之身活转于当代，是当代学人的重要职责，而审视、省察、批判当代社会的儒学，正是经过当代社会过滤的儒学。儒学具有批判自身和批判现实社会的双重睿智，开发儒家的批判性睿智，以暴露当代社会发展的缺失、问题和不足，并立足于儒家立场对这些问题提出解决之道，使当代社会的发展更健全、更完善。

批判，无论是自我批判，还是他我批判，只是儒学发展的外在力量，不是儒学主旨。儒学的真正意义是在自化化人，自化就是自我转化。自我转化就是躬身修己、改过迁善。“修身自强”，可以名配尧禹。

三、人文即人伦，是社会运转的一套规则，明人伦即找准自己的位置

儒学只有活转于当代，积极参与当代社会的发展，才能立足于现代学术之林，才能发挥其人文化成、礼乐兴邦、“修齐治平”之客观功效，而当代社会应当关注儒学的发展，为儒学向现代形态的转化提供更适宜的生存空间。儒家自诞生起，就不只是“坐而论道”而不起而行动的空头理论家，更不只是龟缩于书斋而皓首穷经的宁静学者，而是具有强烈的现实关切和参与意识的人文知识分子，走出书斋，去解读社会这本无字天书，去研究当代社会中出现的新问题，并回应这些问题，以求解决问题之道，这才是孔子“圣之时者”的真精神和孟子“圣贤易地而皆然”的真义。

儒学与当代社会双向互动是一开放系统，而没有一蹴而就或一劳永逸的理想方案，而是一个动态的、生生不息的、不断创造的、没有终点的永续过程。当代社会的发展本身是生生不息的，是日新、又日新、日日新的过程，是一个不断开放、不断展开、不断升进的过程。当代社会的展开对儒学言，一方面是挑战，另一方面又是机遇，儒学只有因应时代之需要，与社会发展保持着适度的张力和统一，才能生生不息，才能不断走向未来。

世界许多地方有孔庙，几乎所有孔庙都有一个建筑物，叫“明伦堂”。明伦堂的

"明伦"即明人伦，足见"明伦"在儒家文化系统的重要性。孟子说："人之有道也；饱食、暖衣、逸居而无教，则近于禽兽。圣人有忧之，使契为司徒，教以人伦：父子有亲，君臣有义，夫妇有别，长幼有序，朋友有信。"(《孟子·滕文公上》)儒家认为，人们无法逃脱五种基本的人际关系即父子、君臣、夫妇、长幼、朋友关系，明人伦在某种意义上说也就是弄明白这五种关系中需要有亲则亲、需要义时则义、需要有别则别、需要有序则序、无时不能没有信，亲、义、别、序、信是五种基本人际关系的运转之道，也称"人文轨道"。

四、人文化成是儒者的天职

儒学是关注现实、与时俱进、面向未来的学问。现实社会的生活是儒学存在的生命之源，也是儒学的生命所在。离开了现实，离开了社会，离开了人群，儒学就无立足处，现实性人文关切与实践性品格是儒家的重要特征。

从哲学的意义上说，儒学是天人性命一贯之学，它内通心性，外透天道，旁彻物情，一天人，合内外。总之，它是以人为中心所展开的哲学思考。其内通心性是人的心性，是本天道以立人道，天地之心即人心；外透天道是本人道以明天道，人心即天地之心。内在地成己，外在地成物，成己成物，即合内外之道；一天人即天即人，即人即天，即内在即超越，即超越即内在。要言之，儒家哲学是人本哲学。落于社会现实层面而言，儒学是内圣外王之道，是道德的理想主义。从孔子的"修己以安人""修己以安百姓"到孟子的"仁政"，直到《大学》"格物、致知、诚意、正心、修身、齐家、治国、平天下"都是内圣外王之道的显露。"修己"是内圣，"安百姓"是外王，"修己以安百姓"就是内圣外王之道；"仁"是内圣，"政"是外王，"仁政"是内圣外王的浓缩；"格致诚正"是内圣，"齐治平"是外王，"修身"是由内圣而外王、由外王而内圣转换的轴心。作为内圣外王之道的儒学，它重和谐，言时中，衡经权，刚健有为，积极入世，转世而不为世转，化俗而不随俗迁，具有刚正浩大的转世精神。

"尊德性而道问学，致广大而尽精微，极高明而道中庸"，道出了儒学的总特征。儒家视德性为首出，然而它并不轻视学问思辨；它含弘广大，又精微入神；它精妙高深，又平常简易。儒家的学问在平常见高明，高明就在平常中，泰州学派讲人伦日用即道，不悖儒学大旨。儒学不同于道，不同于佛，不同于耶，它不怪诞，不妄言，不谈怪力乱神，只是平实、中正、理性、自然、简易。它不需要救世主，自信人能自救；它不需要断臂自残，舍身饲虎，只是终身慕道，朝闻夕死可矣。儒学所言所讲只是实践的智慧，是生活的智慧，离开实践的生活，离开人间社会，离开了百姓日用生活，就没有儒学。这也表明，只要还有人，还有人间，现实社会中的人还愿过中正、平实、理性的生活，儒学就会有生存的土壤，就不仅仅是“游魂”而已，就还有意义和价值。作为封建意识形态，以封建主义的政体为体，只是儒学历史发展过程中的一个环节，并不是儒学的全部历史过程。我认为，人们日常生活、人伦日用是儒学之体，离此之外别无体，最起码，民间儒学是以现实的活生生的人伦生活为体。

儒学本质上是生活的智慧和现实的学问，是人伦日用规范之道，因而它只有在现实中，在百姓日用人伦具体生活实践中，才能找到用武之地和力量的源泉，并由之生生不息和创进不已。儒家自创始人孔子始，就以入世而非出世作为自己的价值归趋。孔子见周文疲弊，礼坏乐崩，以文自任，知其不可而为之，周游列国，一直保持着对现实社会清醒的批判意识和积极的拯救意愿。虽然他秉持“用行舍藏”之原则，然而，公山弗扰以费畔，召之欲往，佛肸以中牟畔，召之也想去，甚至欲居九夷，还发出过“道不行，乘桴浮于海”（《论语·公冶长》）的感慨。他不是“系而不食”的“瓠瓜”，而是“待贾而沽”的美玉，面对长沮、桀溺等避世之士的批评，孔子坚持认为人不可与鸟兽同群，人只能与人打交道，人不解决人的问题，活着也就失去了意义。“天下有道，丘不与易也。”子路批评隐士“欲洁其身而乱大伦”，“君子之仕也，行其义也；道之不行，已知之矣”（《论语·微子》）。君子积极入世，是为了行道行义。行道是规范社会，造福人类，然而能否成功，并不取决于个人的主观愿望和主观动机，也不是由个人决定的。孔子因应时代之需要，将殷商民族的部落性的“儒”扩大到“仁以为己任”的“儒”，把柔懦的“儒”改变到刚毅进取的“儒”。这是孔子的贡献。孔子规定了儒学是人间的学问，不是神间的学问，是现实的学说，不是来世寄托。

孟子以“平治天下”为抱负，以仁政王道为理想，仿孔子，游说于齐、梁、鲁、邹等国之间，他目睹诸侯争城以战，杀人盈城，争地以战，杀人盈野，慨然有“如欲平治天下，当今之世，舍我其谁”（《孟子·公孙丑下》）的担当。面对庖有肥肉、厩有肥马、野有饿殍的无道乱世，他强烈抨击不顾人民死活、一味穷兵黩武的当政者，要求统治者发仁施政，去霸道，行王道。孟子的理想也许与当时的社会情形不十分合适，然而这并不妨碍他成为一位现实社会清醒的批判者和理想社会的设计者，他对当道者的指斥成为后世儒者重要的批判资源，而他的仁政说也成为后世思想家轻徭薄赋、减轻人民负担的重要依据。荀子著有《儒效》篇，明确指出，“儒者在本朝则美政，在下位则美俗”，批判那种儒者无益于国的论调。自两汉至宋元明清，儒学虽然为封建统治者所利用，作为官方意识形态而成为国家意志，与政合一，然而真正的儒者依然保持着与统治者的适度张力。既要维护君主的权威，又想限制君主权力的过分膨胀，正是两千年来许多儒者的共有心态，董仲舒的“屈民以伸君，屈君以伸天”是这一心态的最好注脚。宋明儒的天理当然是束制人民的，同时也是束制统治者的，只不过解释权在统治者而统治者又对此作了利于自身的解读而已。降至明清，经邦济世，通经致用，主张习行，成为一时之尚。而当代新儒家主张“本内圣之学以解决新外王”。“本内圣之学”表明他们不脱离儒家立场、原则和价值取向，“解决新外王”(中国现代化)表明他们关心、关注并力图解决中国社会如何走向现代化的问题。古往今来，关注现实，与时俱进，构成了儒家的重要特征，服务于当代社会是当代儒者应尽的义务，也是儒学的本分。

儒学只有参与当代社会的发展与建设，才能与时俱进，才能找到自己进一步开显的动源，同样当代社会的发展正召唤着儒学，召唤着儒家精神的回归。现在，在国内也有不少商人、企业家、金融家公开主张以儒经商、以儒治厂、以儒治行(银行)，甚至一些商业广告词也经常夹杂着“己所不欲，勿施于人”“仁者爱人”等大家耳熟能详的儒家格言。许多有识之士已经意识到，当代社会发展引入儒家的智慧资源，可能会更加健全、更加理性和更加饱满。

当今之世，以计算技术、通信技术、现代生殖技术等等为先导的科学技术革命正深刻地改变着社会生产方式、生活方式和人们的行为方式，冲击着人们原有的思想、信仰、风俗、习惯乃至价值取向。毋庸讳言，当今之世，人们一方面沉醉于由科学的进步和物质财富的增长所编织的童话世界里；另一方面，人们又对科技发展所可能产生的后果以及物质财富的增长与人们道德水准的停滞不前所形成的巨大鸿沟而深感焦虑和不安！人们曾自信科学所产生的一切问题可由科学进步得到解决，然而现代生物学和医学发展如转基因问题、人类基因芯片问题、克隆人的问题乃至器官移植、安乐死等对人类道德、伦理、习惯、信仰所带来的冲击，早已使科学感到无能为力。再如，当人类在工具理性的支配下，在征服自然的过程中一路高歌猛进时，相应人类正受到大自然的无情报复！人类如何与自然、万物相处，向人们严肃地提了出来，它迫使我们必须修正自工业革命以来人与自然征服与被征服的紧张关系。

网络，这一全球化的媒介、工具、手段和黏合剂，它早已经冲破了国界、族界，冲破了一切政治壁垒，将全世界的人们联系在一起。它正全面渗透、介入人们的政治、经济、文化生活，然而如何处理网络世界与现实世界的关系？怎样提高网民的文化素质乃至净化网络世界？如何建设网络伦理？也成为全球性话题，不一而足。所有这些问题需要靠全人类的智慧共同加以解决，换言之，人类一切相对独立的文化系统和相对完善的文化形态都有解决上述问题的责任、义务和权利，儒家文化作为中国传统文化的主体，作为人类最古老的文化形式之一，理应对当代社会问题的解决贡献出自己的智慧。

当然，这并不是说儒家文化是解决上述问题的唯一方式，同样也不含有儒家文化是解决上述问题的最佳方式之意，当代世界的问题应当由全人类共同承担，所有人类文化形态都理应对此作出回应，贡献出自己的智慧，仅此而已。儒学作为形成于两千多年前的文化系统，在其长期的发展和不断创生过程中，有些东西自然已与现代社会不相适应了，但这并不意味着儒学在全球经济一体化的要求下，在信息时代已经过时。站在当代社会的角度审视儒学，站在儒家的角度审视当代社会，在儒学与当代社会相互对视中，一方面促进儒学的创造性更化；另一方面，提醒当代社会的健全发展，使二者相得益彰。

最后我想说，儒家文化作为中华传统文化中独树一帜的瑰宝，在我国历史上发挥了不可替代的重要作用。中华文化特别是中华优秀传统文化代表中华民族独特的精神旗帜，我们要努力用中华民族创造的一切精神财富来以文化人、以文育人、以文成人，这是人文化成之道的真义。

我今天的分享就到这里，谢谢大家！

"小说世界的边缘"

——马华文学与世界的关系

（2017 年 9 月 11 日）

黎紫书*

各位同学大家好！

我在很久以前就开始关注黄万华教授，这次也是我厚着脸皮求黄教授邀请我到大陆来，见见学生。非常感激黄教授给予的机会，非常荣幸。作为马华作家，我还是第一个能站在这里作报告。马来西亚是一个小国，今天我有机会能代表自己的圈子说话，我想讲的是马华文学走过的历程，也就是马华文学形成、发展到今天，到底走了怎样一条路。

我是在马来西亚的第四代华人，上一辈人，我的祖辈和父辈一直以来把马来西亚作为一个打拼、工作的地方，从小认为不值得为在马来西亚做更多计划，因为以后一定会回到祖国。父母也会一直跟自己强调不要忘记自己是中国人。在我想象中，中国人就应该帮助中国人啊。有一个例子，我常常提，就是小时候电视上直播羽毛球比赛，马来西亚队对中国队的比赛，我父母一定是帮助中国队，支持中国队，希望中国队赢，因为我们都是中国人。可是情况到今天却是，李忠伟对林丹的时候，我们还是希望李忠伟赢。差别就在，到我们这一代，虽然我们对我们的国籍还有我们身份的认同从父母、祖辈那里延续到了今天，但是，从这个小小的事情上却

* 黎紫书，1971 年生于马来西亚，自 1995 年以来，多次赢得马来西亚花踪文学奖、台湾《联合报》与《台湾时报》等各项文学奖，也曾获得大马优秀青年作家奖、云里风年度优秀作家奖等等。2016 年获颁南洋华文文学奖。长篇小说《告别的年代》获得第四届红楼梦长篇小说奖评审奖。

反映出来我们对自己的支持——我坚决站在马来西亚的一边。虽然从新闻稿上知道李忠伟是会输的，可是，心里面还是希望他赢。在我们的文学圈子里，实际上也是这样子的。

其实我感觉马华文学在最开始的时候，就是中国文学的一部分。最初的“马华”，其实都是把自己当作中国人，也是以这样一个心态在写作。到了他们的下一代，就是我的前辈作家们，像温瑞安（武侠小说作者）、李永平、商晚筠、潘雨桐，他们那个年代，有一个时期是非常向往中国的。比如说温瑞安写的武侠小说。因为他那个年代对祖国非常向往，所以，他居住在自己想象中的一个“祖国”。那个年代的文人非常有号召力，温瑞安在台湾地区留学时号召一批写作爱好者，包括他的弟弟温瑞平，还有一群诗人（都是“马华”的诗人），组成“神州诗社”。“神州”听起来就很怀念祖国的样子。可当时他们对祖国是怎么样的一个概念，没有人知道，也没有人知道中国是怎么样的。因为没有人在那个年代回过中国。所以，大家只能想象中国，想象神州。那时候神州诗社是很出名的。到今天那些人都老了，当我拜访那些曾经在神州诗社的一些老诗人，他们跟我说他们当年怎么样在神州诗社活动：他们把诗社弄得像一个江湖，像一个派别一样，大哥就是掌门，那其他兄弟就是兄弟，见面要抱拳，平时有练武和练拳的；大哥要很威严，就像武林盟主那样。几年前，我去香港书展，受邀请去当演讲嘉宾，我也了解到他们还邀请了温瑞安。这是我第一次见到“传说中”的马来华人温瑞安，我想象温瑞安见到我会是什么反应呢？书展活动的第一天下午有一个酒会，被邀请的嘉宾将一起出席酒会。我一早就去了，一直躲在角落里，等着“传说中”的温瑞安出现。等到最后，感觉这个酒会是他办的一样。他会迟到，最后才出现，仅带他的夫人和一位助手。那时候气氛就沸腾了，感觉他就像武林盟主般走出来。然后，一个人走过去，握一下手，讲几句话。还没轮到我，他的助手就先走过来问：“你是黎紫书吗？”我说“我是”，然后他就递上一个名片给我说：“我是温瑞安的助手，大哥他一会儿就会过来。”给我感觉就像拜帖子一样。后来他过来时就表现得我们好像很熟的样子，喊我“黎紫书”，然后拥抱一下，好像我们曾经见过面一样。可是，那次我们确实是第一次见面。我想说的就是，这么多年，他好像还没有从他那个江湖梦中走出来。听起来好像很好笑，对他本人来说，这是一个很认真的事情，当年神州诗社的诗人，当他们再次转述那时的时候，是用一种很感慨、自己又知道很好笑的样子来转述，那是因为他们已经走出来了，但是温瑞安还没有走出来，还在神州诗社。像李永平他很年轻就从东马来西亚到台湾去念书，上大学。然后几十年没有回过马来西亚，他的人生大部分在台湾度过，虽然他曾经不承认自己是马华作家。但他也有自己的依据。他说他离开马来西亚的时候，东马来西亚还没加入马来西亚这个国家，而且他大半生都在台湾度过，我也明白当时这一批人到台湾念书，其实也是像温瑞安一样，抱着一种对祖国的认同。他们回不了中国大陆，那就去一个比较靠近大陆的台湾地区，寻找他们想要的那种文化的认同。因为这是马来西亚给不了他们的，所以继续在那里住了大半生。当年很多热爱中华文化的马华文人怀着同样的态度跑到台湾去，如果那时候大陆是开放的话，他们可能就跑到中国大陆来，今天他们可能就会成为中国大陆的学者。但那时候情况不允许，所以就去了台湾，台湾也就成为他们文化归属的地方。那么，他们这代之后，也就是稍微年轻的下一代人像黄锦树、陈大为、钟怡雯、陈贵兴也到台湾去，现在都是台湾很重要的学者和作家，可他们的心态可能跟当初李永平、温瑞安已经不一样了。不一样的地方在于，这个时候的他们可能因为不愿意认同自己是马来西亚人这个事情所以到台湾去，而不是因为认为自己是中国人所以需要跑到一个中国的地方去。所以，这两代人的心态是已经不一样的了。今天能成为不管是在台湾文坛或学界还是马来西亚文坛都非常重要的人物，我把自己定义为马华文学中的中生代，比黄锦树晚了 4 年左右。所以我其实把自己看成他的同代。可能在他眼中我还是小辈，因为我出道稍比他迟一些。

除了刚刚提到的学者和作家以外，还有“马华”到台湾发展的像张锦忠、高嘉谦，他们是台湾学界重要的学者。胡金伦是第一个马来西亚作家到台湾投身出版界工作的学者，现在他是联经出版公司的总编辑。联经出版公司是台湾地区非常大而且非常重要的出版社。他现在作为总编辑，可以说是“马华”有史以来第一个在台湾的出版界做得最好、最出色的代表。

在东南亚国家里，马来西亚华文文学的发展可能是各个国家中最好的一个。我能举出很多作家，他们的作品、名字在今天都是响当当的。这是因为马来西亚有一个非常扎实的华文教育基础，有华文小学、华文中学，中学是民办的中学，没有官办的，是华人社会集资，每年学生都要筹款，让学校可以经营下去。正因如此，民办的华文中学一直延续了几十年。如果我们今天不让华文学校维持下去，那政府就会以"没有学生"为借口，把学校关掉。这就像失去的东西，失去就没办法拿回来了一样。我们华人都抱着一种捍卫中华文化或者是华文教育这样的心态，致使我们的华文教育和华文文学一直从以前走到现在，所以我们可以在马来西亚好好地念中文。

除了教育以外，在文学方面，我们马来华人团体办了很多的文学奖，支持文学创作的"花踪文学奖"是马来西亚最大的华文报《星洲日报》出钱出力办的，它也是卖得最好的媒体报纸，媒体办的这种奖项就很好。该活动两年一届，办得非常隆重，会邀请海外的包括中国大陆还有台湾地区以及美国的作家到马来西亚演讲、当评审。颁奖礼都非常隆重，尤其开始的几届砸了很多钱，参加的嘉宾都说就像一个文学的"奥斯卡"。各国的明星和文学爱好者都希望有一天能站在那个台上去领奖，那感觉就像拿到我们的"奥斯卡"一样。当时我也是抱着这个心态参加比赛，但是没想过自己会得奖。能站在这个"奥斯卡"般的台上发表获奖感言，所有的灯光照着你，这种感觉是很美好的，当时对我们年轻一代带来的鼓舞和冲击是很大的。虽然现在我已经体验过很多次这种感觉，但每一次依旧很享受，直到今天对该奖的热忱不减当年，每一期结束的时候大家都会去讨论下一次谁会得奖。

我们的报纸《星洲日报》常年有一个"文艺春秋"的版块，专门刊登文学作品。文艺版很少，但写作的人很多。"文艺春秋"的主编对我说，很多的稿件交上来，主编回信说"好吧，待用"。之所以"待用"半年以后才刊登出来，是因为大家都在排队都希望自己的名字可以出现在这一版上，但主编又绝对不想太过频繁地出现一个人的名字。不过我觉得这个版是没有人看的，就只有我们文学爱好者自己看而已。不管我们感觉多么热闹，其实就是一个小圈子。马来西亚华人就有几百万，中国随便一个城市的人口就已经超过我们这个国家的华人人口，几百万华人当中不是所有人都懂中文的。有一些华人选择不念中文学校，而念英文学校。所以有一些华人是不能用中文写自己的名字的。在学习中文的华人当中，只有很少一部分人喜欢写作和阅读。这个文艺版块非常小众,可是对文学创作者来说就像一个神堂一样的存在。你的作品发表在这个板块就是最高的认同,相当于你是文坛的一分子的感觉。其他报纸也有各自的文学版,可是随着马来西亚经济越来越不好,年轻人又很少看报,华文报纸的阅读量一直在下降。报纸卖不好,又找不到广告刊登,文学版就会被报社减版。很多文艺版块就这样被削减掉了,这个情况可能会一直不妙下去。

"花踪文学奖"是为了鼓励更年轻的人——大学生参加比赛。虽然一些公开组的比赛他们也是能够参加的,但是得奖比较难。因为公开组都是一些老手,为了光环和奖金,他们还会继续参加下去,导致新秀很难得奖,因为奖项实在很有限。所以新秀奖是专门为一些20岁左右的年轻人设立的,他们如果没信心参加公开组,就参加新秀组。

留在马来西亚本地耕耘的作家有梁靖芬(北京大学硕士)、曾翎龙(是诗人也写散文)、翁婉君、龚万辉(台湾留学回来)。梁靖芬是《星洲日报》文艺春秋版的主编,自己本身也从事创作。曾翎龙是有人出版社的社长,有人出版社是"马华"非常重要的文学出版社,是现在还存在的。他专门出版精挑细选的"马华""新华"(新加坡华文)优秀文学作品。龚万辉是一个非常出色的插画家,他替很多的报纸、杂志画插画,自己也出版画册,也从事小说和散文的创作。还有吕育陶、方路、刘艺婉,这些都是诗人。此外,许裕全什么都写,贺淑芳是写小说的。这些人都留在本土写作。可留在本土,有很大的劣势,就是处于小说世界的边缘。你的作品基本上只能发表在马来西亚,可能在马来西亚很红,出很多书,但是仅限于本土。在马来西亚,新书出版印刷2000本,能够卖完,恭喜你!不过大部分是卖不完,因为牵扯预算,出1000本就算了,还要卖很多年。

我们如何让文学生长下来,就是这么一个文坛圈子,自己嗨,互相传阅彼此的作品。我们出版了2000册的书,要在"脸书"上拼命打广告,然后作者本人要先买书,在"脸书"上贴出说新书出来了,谁要买的请留言咨询。甚至你可以先不付钱,等书到了再付钱。像方路就是这样买了几百本自己的诗集,还要自己到邮局去寄书。"作家"这个名词听起来好像很优雅很风光,可我们的作家就是这样子生存。

其实在马来西亚这样的小地方，我们有理由觉得自己写得不错。我们马华文学有我们独到的地方，有时候觉得自己对语言文字的掌握比大陆作者更强。因为我们阅读范围广，我们读马华作品，读大陆、台湾、香港以及海外英文书籍，让我们有自信，觉得自己写得很好。可是有什么办法让别人也觉得自己写得很好？这是很难的。比如说，我在马来西亚出版的书，不能在中国大陆卖。除非把书推荐给大陆出版社，由中国大陆出版社出版，那才能在大陆卖。可是没有办法推销出去的话，就只能自己在马来西亚拼命地卖书。自己觉得很好，但又很郁闷没办法跨出去。

有人出版社是很重要的文学出版社，它有十多年的历史。起因是几个诗人年轻的时候，深更半夜看球赛，突发奇想觉得马来西亚出版的书很难看，质量不好，装帧粗陋。不如自己弄一个出版社，然后就得到呼应，就做了。当时什么都没有，我们的文人都不是全职的作家，99%的文人都有自己稳定的职业。如报社记者、报社编辑、学校的老师、IT 公司职员等等，写作就是另外一个爱好。他们说我们这个出版社什么都没有，连办公室都没有，但是我们有人，有这批热爱文学、有梦想、浪漫的诗人。所以这个出版社的名字就叫“有人”。直到今天“有人”还一直经营，是我们马华文学的一个奇迹。有人出版社印刷质量、排版都非常好，可以媲美台湾的出版社。除了“有人”以外，还有一家比较专注文学出版的出版社——大将出版社。创办人付承德，原来是华文中学的老师。现在他已经退下来了，将出版社交给自己的徒弟经营，他的徒弟很有生意头脑。经营得非常好，会请很多名人、明星、电视主播去写他们的传记，用这些容易卖的书，用赚钱的通俗的大众文学的书养不赚钱的书。这是很多出版社的老板的梦想，因为知道单靠文学是没有办法在出版市场生存下去的。我曾被台湾一份报纸邀请写一篇文章，写的是“70 后”作家的想法，叫《江湖催人老》，为什么用这样一个名字，是因为不久前看到一个“80 后”作家在“脸书”上写的一篇文章，有些怨气地说感觉自己已经老了，因为看到在我们的文坛“70 后”还没退下来，而“90 后”已经上来了，所以这些“80 后”就感觉都没有自己的地方。我因此就写了这篇文章，就像被“80 后”催着我下来的那种感觉。可是我要说的是，如果马华文坛真的存在的话，那都是一个像神州一样的一个想象的存在，里面是对祖国的想象，马华文学从来什么都没有，哪里来的文坛，哪里会有位子，那个位子是自己的想象。如果想象中只有10个位子，那么那些“70后”“80后”，哪有那么多位置。如果可以把马华文坛位子想成100个，那些“80后”“90后”都可以坐上来。想象本来是不存在的。就看你有多大的视野和心怀，把马华文坛想象成一个多大的江湖或地方，那就不会觉得人家要退下来让位给你了。

《国北边陲》是我很多年前写的短篇小说。它和几年前写的《生活的全盘方式》收录在《野菩萨》短篇小说集中。这两个短篇小说我之所以拿出来说，是因为这两篇小说在我个人的创作中有一种改变。《国北边陲》我要写出来是为参加那一年的花踪文学奖中我梦寐以求的那个奖、梦想中最光荣最漂亮的那个奖项——世界华文小说奖。以前几届我都不敢参加这组比赛，我参加的都是马华小说组的比赛，就写一本短篇小说，1万字左右的小说，去参加马华小说奖。这组是只给马华小说作者设的，你只有拥有马来西亚国籍，你才能参加马华小说组的比赛。虽然我觉得我在马华小说组中是最好的，但是我依然不敢参加世界华文组，是因为它对全世界用中文写作的作者开放，我知道很多大陆文学家都会参加。香港的黄碧云也参加过，还得过奖。参加的人都是一些鼎鼎大名的中国的写作者。可是那一年我突然想到一个题材，一个故事。我想如果我真的能把我脑海里构思的这个故事，用我的方式写出来，能够达到我要的那个标准的话，我有自信会拿到那一届世界华文小说奖的首奖。那时候我已经很骄傲了。连续拿了很多奖之后，就有些骄傲，脸皮厚了是有原因的。我记得我还在报社做记者，每天都非常忙碌，就是没日没夜地忙，每天写一段两段。我感觉写作应该一气呵成，像莫言写《生死疲劳》写几十天就写完了，可是我一星期可能连一个短篇小说都没有写完，我一天可能只写个几百字，所以我是目睹了这本小说是如何一点一点形成的。这个小说写的是一个家族的故事，写一个家族最后的男生，他的家族，从他的祖辈开始，到南洋拓荒，因为误食一个奇怪野兽——不知道名字的野兽，就中了一个诅咒，从此他的家族就有一个奇怪的宿命，所有的男性都活不过30岁。到30岁，他们会患上奇怪的疾病，然后，就一个一个地死掉。小说的主人公即将30岁，他觉得不能让自己延续诅咒，想要停止这个诅咒。他学医，功课好。父亲是中医，他记得小时候父亲就在研究能不能治好这个家族的病。他去念医科，他找出来父亲的笔记，因为父亲当年已经找到药草，可以根治这个诅咒，所以主人公要找出这个药材。小说有很多南洋风土意象，是一个充满男性气息的故事。他到南洋丛林见到土著，讲到马来西亚人的生态，再讲到自己的华族的草药知识。为了写好这部分，我读了很多草药方面的书。我朋友研究中医，我找他借了几本书，整天在淘书，然后想草药是什么样的，药效是怎样的，想把它写得像模像样（但其实草药的效果在文学中不是最重要的，我相信评审是不懂的）。其实我要表达马来西亚华人在这块土地的命运。我觉得如果不做这些，自己的民族是要亡掉的。小说中提到他的兄长、堂兄，他们拼命繁殖，因为生得越多，越有机会让这个家族持续下去，甚至和异族通婚。我要映射马来西亚华人在寻找自己的活路，不仅是生理上的活路，还有文化认同上的活路，要怎么走下去，才让自己觉得是你继承下来的，也会有人继承你。为什么我会觉得自己会得第一名，是因为我已经看了很多年的文学奖评审会议记录了。我这个人就是很会考试，我在中学会考的时候就是先不读书，而是先研究一下历年考题的范围，研究考官想要考什么。参加花踪文学奖，最初就是看看评审讲什么，这些评审想看到什么，他们认为什么才是好的作品。这是因为那时我很年轻，还没建立起来自己美学的标准，所以很多时候，要根据名家的话弄明白什么才是好的作品，什么才是马华文学应该有的样子和色彩。然后，根据评审喜好，想加辣椒就加辣椒，想加胡椒就加胡椒。到写《国北边陲》的时候我就知道，当评审看到这部作品，一定觉得这是非常好的马华作品。马华文学应该有的素材它都有了，它不是刻意的，而且整体是一种融合、不留痕迹的展示。据我知道的评审标准，这篇小说一定会得第一名，刘心武、李欧梵、黄子平等三位评审一致把第一名投给这部作品。它的奖金是很高的，因为从没有马华作家拿过这个首奖，我也很得意。我在写的时候就知道这一篇适合去参赛，有一种小说家的自豪。因为小说家本来就应该善于观察，知道人性和别人的想法，我是一个比较老派的小说作者，我比较关注表达人，表达人的事情和人的故事。而我参加这么多届，怎么会不知道评审的心理？我就是在这样的情况下写下这样的小说，写完之后我非常自豪。可是在这之后，这些写“马华”大命运、大历史、大题材的内容已经到终点了，它不是我生活中最关注的事情。因为我知道虽然很关注华人命运，但能做到的事情很少，不管写多少篇，不管写得多好，马来西亚华人的命运没法改变过来。当很多大的奖项我都拿到了之后，我就开始问自己真正想要写的是什么，所以停了很多年没有写小说，后来我在英国，写了《生活的全盘方式》。因为我在大陆有一个博客，那时候那个博客经营得很好，有很多读者。有一个网友在页面上分享了一个故事，一个真实的故事，我觉得这个故事很好，发生在他的一个前同事和顾客之间，是一个年轻女孩随机杀人的故事，听起来很荒谬，但实际上是真人真事。我听了这个故事后，很有感触。一个很聪明的年轻女孩，用很优异的成绩完成她的学业，毕业后从事律师行业工作。开始是助理，非常沉默，她好像什么问题都能解决。遇到困难，不会向别人求助，都是静悄悄地解决掉。实习期满，可以有资格不当助理后，她说她不想当律师，还当助理，能多学一点，来完善这个职业。然后就被安排做四个律师的助理。就在办公室中间，为律师们挡风遮雨。但有一天，她突然辞职，走掉了。因为平时不讲话，大家也不担心她，对她不太熟。但印象中她很喜欢看书。网友的前同事午餐不在的时候，她就到他房里看书。前同事是文学爱好者，房里有一个书架，有很多文学书。这女生就在书架下面看这些书。有一天，女生的父母给网友的前同事打电话，原来女生离职后在快餐店当店长。有一天，她父亲生日，她替父亲磨剃刀，顺便去投注站下注，因为一些小误会，她说投注站的那个男生替她下错注，男生不理他，女生很生气，就打电话去投诉，却没有人理她。那时候已经有很多人围着那个投注站看笑话，男生就觉得自己胜利了，很嚣张地说："你去投诉啊，反正也没人理你！"就在这时候女生突然拿着剃刀当场割断他的喉咙。男生就倒在地上了。女生就报警，说她杀人了。她不需要律师辩护。她已经很清楚法律的规定，知道如果自己没有找辩护，会逃不过死刑。可是有一天，她突然打电话给父母说，她想到找谁做自己的辩护律师了，就是这位网友的前同事。但他这位前同事不打刑事案，只做商业案件，就觉得很奇怪，跑去找这个女生，可是这个女生也不怎么讲话，前同事觉得没趣，就建议她做精神鉴定，装疯卖傻，就可以不用死去。对方就冷笑，前同事就觉得很受伤，后来他快要走掉的时候，女生就在他背后念了一首诗，当时他就像被电到了一样。他知道这首诗，他回自己办公室找这本诗集。他下次去看这个女生的时候，就把诗集送给女生。女生就对他说："今天你知道我为什么找你当律师了吧，因为只想有人拿书给自己看。"最后这位网友的前同事就去劝服女生说:“以后我还会拿书给你看,可是你一定要接受我给你推荐一个好的刑案律师。”这位网友写这个事情,是很伤心的。他的前同事说:“如果她以前在我这里工作的时候我对她温暖一点,后来可能不会这样。后来我再看到这首诗的时候,我感觉我能理解那个女生。我人生中有一个时段,就很像那个女生。如果我有一把剃刀在手上,我可能也会做同样的事情。”我觉得我可以理解,但我要怎么表达这种理解,很难说得清楚,我就觉得应该写成一本小说,就是《生活的全盘方式》。因为我觉得写得好,我一定要告诉这位网友我懂那个人。我知道她为什么这么做,为什么她不当律师,要回家乡做店长。我知道为什么读书、看一本诗集对她来说是那么重要的事情。在小说中,我引用很多顾城的诗。当时写的时候很有难度,因为不想把顾城的诗跟小说的语言分得太开。我想诗的语言和小说的语言可以融合在一起。过了很多年再重新写短篇小说的时候,我觉得自己的心态已经不一样了。在写《生活的全盘方式》的时候,我基本不记得自己是马华作家了。我已经不在意这个小说题材是马来西亚的还是中国大陆的。我觉得在小说中的这个人,有一种人的共性,不管你在哪一个国家,都有这样的人需要被理解,需要被阅读。我觉得当我在英国住的时候,以马来西亚文学作家的身份写中国大陆的故事,我觉得这才是我要写的小说,我从一个想尽办法想要写出最像马华作品的马华作家到只想写出我关心的、我自己觉得最值得阅读的作品,所有的元素中我觉得最值得去写的还是人。这就是我今天想要分享的,谢谢!

崔春(主持人):非常感谢黎紫书女士给我们带来的这么生动的一次讲座,她把我们带到非常遥远的东南亚的在那里生活又和我们有着传统血脉关联的这样一群人当中。刚才黎女士在报告里面涉及了两个文本,都收录在《野菩萨》里面,我们图书馆也有藏本,希望各位同学在这个讲座之后有兴趣的话可以借阅。黎女士的讲座给我这样一种感觉,其实我也想问她这方面的问题,我相信这个小说集也是按照时序、按照创作先后的顺序来排列的,所以我在看里面的第一篇小说,也是她举例的这个《国北边陲》的时候,我感觉非常“马华”,但是越往后看我越是没有办法去精细地判断她的文化背景,甚至我都没有办法判断她是男性还是女性,所以就像王德威先生所说的，虽然黎紫书是一位女性写作者，但是她绝对不是一个简单的女性主义写作者，因为她关注的问题远远比这复杂，超越了性别的视角，她甚至会把自己装扮成一个男性，去关注男性世界。在她的这些小说当中，比方说《国北边陲》，是一篇特别典型的国族寓言，我能感觉到，越往后面写，作为一个写手她的自信心是越来越强大的，她不太在乎这种外在的包装，这种商标，她可以把它完全都撕掉，她只要展示她这个人，她探讨的就是人性，最隐秘的、最内心的东西。她介绍的第二篇小说，也就是这个《生活的全盘方式》，也是我当时特别留意到的一个作品，因为它涉及大量顾城的诗歌文本，因为顾城也是我们中文系学生必读的一个作家，是非常重要的一位朦胧诗人。所以我就很想问这些问题：作为一个马来西亚的华文写作者，她也这么喜欢看顾城的诗歌吗？顾城的诗歌对她来讲有什么样的意味？她为什么会把顾城和这个平静的杀人者放在一起呢？我们知道顾城最后也是以一种自杀杀人的惨烈方式告别世界，当时这在华人文学圈是一件非常重大的事件，我也想问她当时是怎么看待这个事件的；而且顾城的文本是诗歌，但是诗歌和她的小说非常贴切，以至于我们没有办法把引文从小说文本抽离出来，诗体的形式和小说的形式是非常和谐地融合在一起的，顾城的语言和黎紫书的语言也是交融在一起的，非常难得，也非常能展现出这个作家非同一般的文字驾驭的能力，这也是我非常惊叹的一点。这个小说越写到最后，时间越是贴近今天，由此可以看到一个作家的成长轨迹，她的这种驾驭，她的自信，她的超越，她写得越来越自然、越来越淡、越来越美，但是越来越深刻。后面的时间是一个互动交流的环节，刚才我已经提出第一个问题了，也算是我作为主持人的一个专权，在写这个小说之前，您就已经大量阅读了顾城的诗歌，您是怎么看待朦胧诗人这一代的？他们对马华文学有什么影响？怎么会想到把顾城的诗和这个文本、这件杀人案放在一起呢？您怎么看待顾城事件？

黎紫书：说来有点汗颜。顾城的事情就是他怎么样用一种惨烈的方式结束自己和别人生命的新闻，当时是非常轰轰烈烈的，当时报纸上有很多报道分析，报纸文艺副刊喜欢做这样的事情，哪个文人死掉了就会好几期都是他的传记。但是当时心里面其实好痛恨喔，这几期都是顾城，我的诗都没办法发表，可是也因为这样就接触到了顾城的作品。坦诚地说，我在这件事情之前并没有读过顾城的诗作。他死得这么惨烈、这么轰动后，我觉得我不可以不读他的一些作品。他的文字给我留下的印象就是，他平时是一个挺腼腆的人，大家对他的印象是这样，可是他在生活当中有非常狂野的一面，很难被常人理解的一面，会有让大家无法想象的一些事情发生。当时他给我留下的印象主要不是因为他的诗，而是他这个人或者说他给别人的印象，这就让我很多年一直没有把这件事情忘记，没有把这个人的影像从我的记忆中抹掉，我在听到网友叙述的他身边的故事以后，我就觉得我要把这个小说写出来。可是我觉得我很重视这个小说，我一定要找到最好的一个方式，最适合这个小说的方式去写，所以一直没有动笔。直到有一天我在网上无意间地翻阅到关于顾城的事，这个人给人的印象是很腼腆不爱说话的、很冷静的一个人，可是他心里藏着万马奔腾，心里面那么狂野，对这个世界有那么多疑问，对这个世界有那么多不服从，其实这个情况和小说里的女主角、这个随机杀人的女生是有相同的地方的。小说里的女主角平时就是一个非常安静的女生，不爱说话，大家都不了解她，没有人跟她相熟，大家都不知道她为什么这样选择，可是有一天她作出这样让大家不可思议的可怕的事情。我觉得这两个人物之间有某种相似的地方。后来我就开始找顾城的诗，认真地一首一首地去读、去翻阅，你会觉得顾城的诗有一种童真在里头，有一种不可思议，不仅仅是我印象中诗人的浪漫，还是一种质朴、一种纯真，还有这纯真之中奇怪的血腥的冷淡。在读他诗的时候，我会完整地去想象他这个人。我边阅读，边抄写，我觉得某段某句在我的小说里面是用得上的。就这样，我抄很多，然后写进自己小说里，强迫自己把小说写下去。当时在语言上的尝试就是不要诗跟小说分离，我就想让顾城和这个小说女主角结合在一起，他们的整个心境、他们的心路有一种相似度，他们可以融进彼此。所以这和当时写《国北边陲》看草药的书差不多，都是临时抱佛脚，为了写这部小说而去读某一些诗，没有读很深，但是会读得很密集、很多，而且就像应付考试一样只是拣自己觉得有用的东西，文学马上被我说得很不神圣了，可是那时候我确实是这样想的，但这并不是说除了我引用的这些诗句以外，我没有其他喜欢的顾城的作品，只是那时候觉得不见得适合放在这个小说里。说到底我觉得不应该追求黎紫书的语言，写小说这个事情我非常注重的是小说题材本身：这个故事发生在哪里？小说的主人公是什么人？他们讲什么话？怎样控制节奏？语言是用华丽的还是淳朴的？我有信心写小说，是因为读了苏童的小说。我读了苏童的小说就觉得，他的语言好酷，一开始就被他的语言吸引住，我读其他小说都没有这样强烈的感觉。然后就去买他的书，读到《武则天》的时候，我就在想苏童你为什么还在用你的那种语言来写武则天，我就觉得无法忍受，我不觉得武则天在那个时候是应该用这种语言来讲话的，后来读到后面的几本我就已经不喜欢苏童了。如果你能找到一个作者让你喜欢，有喜欢他的理由，证明你是一个比较理性的、明智的读者。太酷的语言是不适合说每一个故事的，每个小说应该有它自己的语言，不是因为是黎紫书写的这个小说，所以应该有黎紫书的语言。所以我的小说是这样子的，比如说在《国北边陲》，还有在《生活的全盘方式》里面，如果不说作者是黎紫书，你其实看不出来这是同一个人写的，或者你如果看过我的其他的作品，或者散文、微型小说，像这次新推出的《余生》，你很难发现这是来自同一个作者，因为它们完全不是参照同一种语言来写作的，是因为我觉得这个语言适合这个小说，而不是因为这个语言是我的。

提问：老师您好，我刚刚读了您的《告别的年代》，您前后期的作品虽然在题材上有非常大的变化，但是我关注到一个疾病意象，它是贯穿前后的，不过象征意味是不一样的。像《国北边陲》写到疾病的时候给人的感觉是一种记忆的或者说历史的压力；到了《告别的年代》再写疾病，就像一种宿命式的，就像您说的"人都有三旺六衰"，好像就是一种生活的宿命。我想请教您：您作品中疾病的意象是有意识的象征还是一种整体的马华文化现象？因为我注意到其他马华作家像黄锦树和李永平的作品中也经常会有这种疾病的意象。

黎紫书：在过去，通常人们会说，为什么你的小说都是在写失落和追寻这个主题，然后别人问了我才发现，是吗？发现了以后我就再去看自己的小说，确实有很多写的是失落和追寻。然后我就问自己为什么写了这么多失落和追寻，但是后来我在看别人的小说时我想，他们也都在写失落和追寻，哪一个小说不写失落和追寻，如果你真的认真去读的话，其实每个小说都在写，每个主题都是跟失落和追寻有关系的，关于疾病这个意象还是第一次提出来。像你刚才说的《国北边陲》这样的一家男丁死光的疾病，还有其他小说，像有一个小说叫《疾》，这个短篇小说也收录在《野菩萨》里头，说的是一个女生和他父亲的关系。她父亲是患了病的，她只能照顾她患病的父亲。我记得还有其他各种各样的，比如说《无语的乡镇》的主角，就是一个心理变态的男生，有失落和追寻又有疾病这样的意象。真的去探讨的话可能"马华"一些作家都写一些比较阴暗的东西，整体来说，去看黄锦树也好，去看贺淑芳或者李永平，整体来说比起中国大陆作家，我们可能写很多阴暗面的东西，是生活的阴暗面，人生的阴暗面，整体表现出来就是一种南洋的阴郁面。因为与我们的潮湿、我们的雨、我们的狂野的绿色植物，这些都有关系。在这种环境里面成长，虽然我们阅读大量的中文作品，那么多阳光的活泼的大陆语言，然后我们去读奇幻的、曲折的、非常好看的精彩的大陆故事，看香港那种城市的文学语言，去看台湾地区华丽的语汇，可是最后还是会发展出马华文学自己的一套，这是因为马华的水土滋养着我们。真正阅读起来大家会发现"马华"的小说家语言都有某种共性，或者说选择的意象都是一些比较阴暗、潮湿的，都是一些晦涩的东西，像疾病、像寻找、像失落。我并没有认真去想这是我们共有的一套语言意象还是因为我们生长在这里，就像鱼生活在水中并没有意识到水的存在这件事情一样，我们在马来西亚的这批作者，可能在别人问起时我们才会想起这件事情。可是我想这种共性存在于每一个地方的文学，台湾的文学有他自己一套台湾的共性，香港有香港的，中国大陆有中国大陆的，我们都可以看到。马来西亚华文的写作者肯定要比很多地方的华人写作者——这些中原的、主流的华语地区的写作者更郁闷。我们都不觉得写作是有出路的，但是又不愿意放弃，就是一种很顽强的力量在抵抗，有自信又不能不自卑，都是在一个很郁闷的环境里进行创作的，在这种郁闷的环境里出现一大批关于各种疾病意象的写作好像也是理所当然的事情。

提问：您是否将离散、乡愁的标签摆脱掉，重新回归了一个书写存在、成为自己灵魂喜欢的一个状态？如果这样理解的话，您的长篇小说《告别的年代》是否能看作是转换的标签？您在小说中构建了一个三重世界，是否能将这三重世界理解成"马华"的第一代、第二代和第三代之间转换的过程？

黎紫书：可以这么说，其实到了今天，我已经开始讨厌看到"离散"这个词了。

前不久有个网友在"脸书"上提出一个问题，请写出十个马华文学的关键词，大家都写一个两个上去，等了很久居然没有人写"离散"。然后我就忍不住，平时我很少在"脸书"上发言，但这次我就写了"离散"，然后大家就随声附和。好像自从王德威提出以后，这就是一个标签了。我会很疑惑我们这一代像我或者现在的年轻人是不是还有"离散"的这个自觉，单纯地用"离散"来标签马华文学，好像也太过简单了一些。但是当提到马华文学，我不晓得这个本来就是外面的学者和作家对马华文学的期待，还是因为他们自己觉得你们"马华"很惨啊，应该写一些很惨情的东西，写一写你们的国族、你们的难题、你们的根啊这样的一些东西。是因为别人这样期待，我们才会写这样的东西吗？很多马华作家写这样的东西，是我们真的想写这种东西，去关注这件事情吗？还是我们都是被文学奖训练出来的，会觉得评审希望我们写这些东西出来，大家写着写着就没有办法放掉了。我平时也和一些文坛的朋友见面，其实没有觉得他们有这么重的使命感。其实每一个人，就算是一个文人作家也好，也是在生活中像平常人一样为感情啊、为家啊、为各种各样的事情烦恼困惑思考的一个普通人，不是常常会保持那么高的国族的使命感和自觉意识在里头。不是我的写作观念的改变，并不是要成为自己喜欢的那个人、那件事情，最重要的事情是我要成为一个诚实的人，是不仅对我的读者诚实，还要对我自己诚实，这是影响我小说写作的一个最主要的原因。人要对自己诚实，你要说什么话，你在意的是什么，你想说的是什么故事，你在什么位置上，你漂流到哪里，你去到英国的时候你想要说的是哪一个故事，你想要跟哪一些人沟通讲话交流，人的位置是一直在改变的，你面对的世界是不一样的。以前在写作的时候，我想象的读者就是"马华"的读者，他们都知道你要写什么——探讨一些国族的东西。可是当你的书出版到中国大陆、出版到台湾地区的时候，当我的博客在中国大陆有很多的读者的时候，你会发现我不能只讲马华多么惨，是不是要想一想、要听一听别人怎么说，他们的世界、他们的想法、他们的难题，然后你再找到有共性的，不管是马来西亚还是中国。其实刚刚我在这里开始演讲的时候我就很害怕，我看到大家，为什么你们长得和我们"马华"的人不一样，我在马来西亚经常到大学去演讲，我看到那些年轻人就很有把握，知道我要怎么讲话可以让他们笑，可以让他们不睡觉，可是在这里我完全没有把握，我失语了，我和大家没有共同的语言，不知道我要怎么跟大家讲话大家才听得明白，才能够抓到我讲的是什么。其实在文学、在创作这件事情上，我也有这样的想法，我就是觉得我在这个世界流浪的时间比较多，去过中国大陆，去过英国，去过德国，去过很多的地方，我想要和更多的人讲话，我要讲的事情可能也比较多，我自己在不同的时间点上、不同位置上都对别人保持一种尽可能地真诚，一种诚实。再谈到《告别的年代》的三重叙述，故意用这样一种复杂的方式去叙述，是因为这是我第一篇长篇小说，我那时候其实是把它当成一种练习、一个习作，我想通过这个书写训练一下自己怎么去掌握长篇小说的叙述节奏，所以三个部分是三个不同的结构，用不同的方式、不同的语言去写，其实都是我自己觉得比较能够掌握的三重叙事。当时觉得要把自己八宝袋里的东西全都要掏出来，放在一个小说里。我有一种刻意去用这么复杂的方式去写的感觉，因为我觉得人可以在年轻的时候写得复杂一些，多一点花样，等到老了的时候就玩不起来了。在我年轻的时候我就要做各种各样的尝试，我有能力去做，也不怕做错，不怕被人指责说这个东西写得不好；那我就做吧，尽可能地去尝试，所以我不怕在这个时候写一些复杂的东西，当时用这个三重结构，不只是三代人从三个不同的层面来看马来西亚华人的命运和角色，从不同的角度来看这个事情，就是这样子。

提问：从创作初期一直到现在，您的题材有了很大的变化，从关注马来西亚华人的命运，到后来您的视野更加的广阔，转而关注到人情与人性共通的问题，在题材变化的过程中，您对您自己身份的定位有什么变化吗？比如说您刚开始认为自己是马华作家，到后期您认为您除了马华作家这个身份外还有什么其他身份吗？

黎紫书：其实最初的时候我也不认为自己是马华作家，在我开始写作的时候，我就想我只是一个纯粹的喜欢写作的人，我在写作的时候甚至没有意识到性别。我开始写小说根本没有想过应该用女性的角度来写，很多时候我觉得要用男性的角度去叙述这个故事，进入叙述者这个身份好像一点也不难，是很自然的事情。我是完全没有注意到自己是一个女生这样的一个状况，连性别都没有意识到。那我什么时候认为自己是马华作家，是别人告诉我的啊，当我开始写作，我去拿奖，我没有想过我要写作是因为我要成为作家，或者说我要写作是为了打入马华文坛，成为文坛的一分子,我没有这个想法。只是因为那时候喜欢写,从中学的时候就喜欢写东西,到以后想要发表就发表,想要参赛就参赛,能得奖就得奖,当你做这一系列动作的时候你就自然变成了马华文坛的一分子,然后就有记者采访,问各种各样马华文学的问题的时候,你就会觉得自己被要求用这样的角度和身份去谈论自己和别人的创作,而且你感觉自己已经被限制了,你必须从马华作家、马华写作人的角度来看这个事情,因为那是别人告诉你的。因为这样我意识到自己必须是一个马华作家,那时候想:对啊,除了马华作家我也不能是别的作家,可是这个身份、这个标签是没有什么影响的,那时候我是一个纯粹土生土长的马华人,老实说我连大学都没念过,我在中学毕业以后就很开心不用再去上学了。我中学的时候就是一个很坏的学生,时常不去上课,老师也觉得我应该自生自灭,从我最初装病不去上学,到后来她也不问我有什么病了——我不是反智的,但我是一个反面教材。中学毕业那天我特别高兴,再也不用去上学了,我就是一个单纯想要过自己生活的人,就觉得我不要去学校听老师讲课。我是一个很会考试的学生,我不爱去学校上课但是知道要怎么考试,所以我的会考成绩相当理想。然后我考完试回去和我妈妈说——我妈妈几乎是个文盲,她是看不懂我的成绩册的,用马来文写的成绩册——我和她说我这个考试成绩不行,我上不了大学,然后我妈妈就相信了。我那个年代做记者不用是大学生的,你只要通过考试,考作文啊、翻译啊,你通过了就可以被录用了,现在不行啊,你没有大学文凭连考试的资格都没有。我那个年代就可以这样快乐地过我的生活。我当时为什么去做记者呢,是因为离开学校以后我唯一留恋的就是用中文写作,我觉得只有当记者才可能用中文谋生,所以后来看到报纸上刊登招聘记者,我就跑去考试了,就当了记者。作为一个马华作家其实也是这样子的,我并没有意识到自己是一个马华作家,可是我变成了马华作家,真正到我开始意识到写作是怎么一回事时是我不想当记者的时候。有一天我决定不当记者了,我觉得当记者好辛苦、好累啊,我看到我的上司在深更半夜的时候从他的办公室走出来,拖着疲惫的身躯,慢慢往洗手间去的时候,我突然醒悟过来了,我在这里五年后十年后就算我的前途还不错大家很看好,大概也就是他这个位置吧,那时我会有比较好的房子,比较好的车子,可我还是过着这样的生活,我还是深更半夜在办公室很劳累，然后拖着疲乏的身躯离开，既然这样我为什么还要待在这里呢？我就问自己当初为什么想要当记者，才想起来当时想要当记者就是因为想要写东西啊，而且是用中文写东西，我以为这个职业还能支持我去做这件事情，可是现在看起来不是这样子，我不想过那种生活。于是第二天我就辞职了，没有跟任何人商量，因为全世界都会阻止我，我就没有让别人有机会阻止我。然后我问自己想要什么，现在辞掉这份前途美好的工作，你想要做什么。我开始有念头想要当一个全职作家，可是当全职作家怎么样能支持自己写下去，如果一直在马来西亚，那你就永远用马来西亚华人传统的标准，传统的思维和眼光继续写“马华”，这样能支持你继续写作几十年吗？能让你生活下去吗？能让你成为一个更壮大、更好的作家吗？我觉得是不行的。那怎样才能让自己更好呢？只有一个可能就是要走出“马华”，走出这个国家，看看别人是怎样想的，他们是怎样讲话的，他们关注的是什么，从那时起我就开始一个人到处流浪，去过很多的地方，这个时候才能意识到“马华”是怎样的一回事，以前当我在谈到我自己是马华作家的时候我并不知道马华作家是怎样一回事，只有在离开了“马华”这个范围的时候，我才会去反思“马华”是怎么一回事，它代表的是什么，它的角色是怎样的一个角色。离开马来西亚一阵以后，我曾经在一个书展的演讲上面提到我其实不在意别人说我是马华作家或者说我不是马华作家，因为我根本不在意“马华作家”这个标签。然后我就看到一些“马华”的读者说一些负面的话，在网上说“你看，人红了或者人走出去了就说这种话，就不在意自己是马华作家”，我觉得不是因为你红不红的问题，因为你跑出去了你就觉得这个标签不重要，不管你是不是还是被人称为“马华作家”，不影响你接下来要写的东西，我还是觉得人在不同的阶段、不同的位置上就要选择你在这个位置上应该关注的事情。我现在觉得我今天站在这里的时候我很强烈地意识到我是一个马华作家，我觉得我自己是要为马华作家讲话的，因为我觉得你们对马华作家知道得太少了，我今天有这个机会站在这里，希望能够通过这次报告让大家更注意马华文学，我不只是自己一个人跨出“马华”，我想这是一个机会让整个马华文学找到一个出口。以前台湾的文学奖只有留台的马华作者有机会拿到，像黄锦树、钟怡雯、陈大为，他们都在台湾地区留学然后拿了大奖，我应该是第一个非留台作者拿到台湾联合报小说首奖，当时是很轰动的，那时我才 25 岁，在“花踪”的第二年我就拿到了联合报的首奖。据说后来在马华文坛大家口耳相传：你知道这一届联合报文学奖小说奖谁拿的？马来西亚，黎紫书！大家就会问黎紫书是谁。我想说的是我们非留台的本土的马华作家也有机会拿到台湾的文学奖，然后就有很多本土的马华作家也尝试去参加台湾的文学奖，也有斩获。就有本土的作家说，我们有作家拿到了台湾的文学奖，我们终于可以离开马来西亚这个海域了。我那时候就想只是到了台湾而已我们就觉得已经游出去了，我们的眼界好像也有点太小，这个世界还是很大的，不能因为只拿了一个台湾的文学奖，就觉得马华文学的成就已经到了国际舞台，我觉得我们还应该把眼光放远一些，即使今天我也不觉得自己已经站在国际舞台。今天有机会站在这里，我想我不仅仅代表自己说话，还希望能够让大家尽量地注意一下马华文学，谢谢大家！

崔春（主持人）：今天由于时间关系，我们的讲座必须要结束了。非常感谢黎紫书女士今天下午作的这个非常精彩的报告，让我们很原生态地感受到华文作家在马来西亚的生活状态，而且我作为一个大陆人，一个中原人，感到特别惭愧，我们在所谓的“中心”其实某种程度上是被遮蔽的，好像坐在台风眼里的人反而感受不到外面的风暴，然后感觉自己特别安全，但是像我们的外围其实是有非常激烈的竞争关系，他们会去尝试各种各样的表达方式，不断地在语言上搞创新，而我们反而有点安于现状。我希望今天这个演讲能给大家提供一个多维的视角，不仅仅关注我们自己本土的文学，同时也关注华语世界其他地方的文学，关注世界，我们才能真正地认识自己。

余光中与中文

（2018 年 3 月 26 日）

徐　学*

感谢黄万华老师的邀请，感谢崔春老师的安排和主持，感谢所有在座的学生，这个美妙的春夜本来还有许多可为之事，但大家还是到这里来捧场，这是给诗人捧场，给中文捧场。

来过威海，一直记得这里的细沙白浪，我在厦门长大，但是看到这边的海还是很喜欢。上次来威海，我邀集了一批与会朋友人凌晨起来跑到天尽头去看日出，在我的《阅读台北女》一书的序言中，朱蕊就谈到那次同游的感受。余先生也来过威海分校，2002 年来的，他对威海分校很有感情，为威海分校两次题字，一次引曹操的诗："日月之行，若出其中；星汉灿烂，若出其里。"另一次写："天尽头就是地起头，也是路起头。"题字署名后面写"初访山大威海分校"，那意思是他还会二访、三访。

他为什么为威海激动。第一，因为遇到知音，黄万华老师、孙基林老师和崔春老师对现代新诗都有深刻而广泛的研究。第二，他对地理敏感，而威海处于特殊的地理位置。余先生是地理迷，他最喜欢的礼物是地图，有一次我找到抗战时期手绘的重庆地图，带去高雄送给他，他很高兴。他搜集的地图，大大小小上百种，最厚的一大本十几斤重，他也会画地图。湖南作家李元洛出了本游记选，叫余先生写序，余先生写了序，还给散文集手绘了一幅地图。余先生以前在香港编了一本沙田文

* 徐学，文化学者。1984 年获文学硕士，就职厦门大学台湾研究院，从事台湾文化和两岸关系研究 30 年，多次赴台湾、香港高校客座。曾任厦门大学台湾文学研究所所长、厦门作家协会常务理事、厦门台湾学会理事，兼任闽南文化研究学会副会长、中国世界华文文学学会对外交流委员会主任。系中国作家协会会员。多次获省市文学奖。

学，前面也有他用钢笔画的沙田地图。中学时的余先生数学不太好，但英文和地理非常好，地理老师在黑板上画地图，常常忐忑不安，因为台下有余光中，怕画错了。我受余先生委托在泉州永春建立余光中文学馆，在筹办期间县政府常常把他和我接到永春县去。我去永春，大概十几次，余先生没有我去得多，但有次同行，他问我："徐学，你知道从厦门到永春要过几个隧道？"我回答不出，他就告诉我。余先生还爱观天象。每次有流星雨、彗星、日晕、月食，他都晚上不睡觉去看。这也表现在他诗歌中，诗集《天狼星》里，他对星座之类的都了如指掌。

威海地处中国最东方，而华夏文化里，东方在东西南北中五方中为尊。这点余先生很清楚。余先生小时候最喜欢读《三国演义》，有次我问他："余先生，如果让你穿越历史，你最希望生活在哪个时代，哪个国家？"他不假思索："我选择生活在三国时代，追随诸葛亮，在蜀中奋斗。"快要 80 岁了，他到了曹操写诗的地方，到了东方的东方，可以观星象看日出的地方，所以他很激动。威海和余先生很有缘，今天我们在这里讲余光中和中文，冥冥中余先生应该也很高兴。

余先生的《青铜一梦》里有一篇《文化甘旅》，他认为文化传统有"苦"但更多是"甘"，这可能是我们和台湾的某种差异。我们认为封建历史是"吃人的"，可恶的，但是台湾很多新儒家和受新儒家影响的文学家，他们愿意用故事来唤起历史的温情，保持我们对民族传统的敬仰和追忆。

余先生去世得比较突然。他说他要写到 95 岁。他去世前两年，到西安去，想爬大雁塔，售票员说 70 岁以上的老人不能上去。他那时已经 85 岁了，还是不服老健步爬上去。那时他身体很好，就是耳朵有点背，眼睛有点花，血压血糖都正常，每天伏案时间很长。他突然离去，是因为摔了一跤。那时他太太住院，他自己在楼下散步，思念太太而神情恍惚，结果摔破了头，致命的一击。余先生和他太太关系非常好。今年"三八"节我在厦门市图书馆讲余光中的爱情，"诗人的钻石婚是如何炼成的"。我正着手要写一本余光中别传，讲他的各种趣事。比如他有一首幽默的诗，诗里说："我有两个女神，一个是缪斯，一个是我太太。我拼命写诗，缪斯越来越年轻，太太越来越憔悴，因为写诗挣不了钱。花了很多心血作了《白玉苦瓜》，只能换来几条酱瓜。"他有四个女儿，没什么家产，太太和他的爱情长跑，跑了六七年，两家家长不太同意他们结婚。余光中晚年写《红烛》："三十五年前有一对红烛/曾经照耀年轻的洞房/且用这么古典的名字/追念厦门街那间斗室/迄今仍然并排地燃烧着/仍然相互眷恋地照着/照着我们的来路，去路/烛啊愈烧愈短/夜啊愈熬愈长/最后的一阵黑风吹过/哪一根会先熄灭，曳着白烟/剩下另一根流着热泪/独自去抵抗四周的夜寒/最好是一口气同时吹熄/让两股轻烟绸缪成一股/同时化入夜色的空无/那自然求之不得，我说/但谁啊/又能随心支配/无端的风势又该如何吹。"自从他摔倒后他太太不让他上课，他上了一辈子的课，教过中文、英文，教过中国大陆、台湾地区、美国等等的学生，他非常喜欢上课。他到厦大来，哪里都不去，在宾馆里改学生作业，认认真真地改。所以不能去上课，使他很懊恼。去世前他还给我写信，说最近在看《琅琊榜》。他去世后，有悼词写："你的视线无限，能超越地平线的有限。"余夫人范我存女士也是有见识有能力的女性，余先生称她是"内务部长"，余家客人特别多，范我存要忙里里外外，四个女儿大了以后，她开始在高雄市美术馆做义工，去年出了一本专门写玉石的书。今年，把余先生的部分手稿还有她大概20多年收集的收藏多年名贵的玉石，捐赠给香港中文大学收藏。也是在托付自己的后事。

现在还没有一个人能看完余光中的所有文字，他写的诗有1200多首，他翻译的作品合起来也有300万字，他的散文、评论合起来也有四五百万字。还不包括未刊稿。大陆、台湾、香港以余先生的创作、翻译作的博硕士论文有120多篇（不完全统计），大约有20篇是以他的翻译为题的。我们今天要讲"余光中与中文"，非常大的题目，涉及很多很多细微之处，比如他的翻译怎么沟通中英文，他的诗歌是怎么翻译的？他的散文和诗歌是怎么抗拒"西而不化"追求"西而化之"的？他是怎么用散文的方法进入诗歌，又怎么用诗歌的方法写散文的？他怎么评价现在的中文水平和语文教育？今天我只能简单地讲。

要认识余光中，需要了解台湾地区文学以及海外文学和中国文学的关系。从1949年到1978年，大陆与台港澳地区不太来往，文化上品味上产生了相当的差异。改革开放40年来，台港澳和海外文化在中国大陆成为一种小传统，我们的文学修养、艺术爱好或多或少受到其影响。要怎么看这种小传统？开始我们看到的海外文学是美国华人，聂华苓、白先勇等人，然后就是流行文化，武侠和“琼瑶”，当时看“琼瑶”堪称疯狂，因为我们有很久不知道什么是“爱情”了，后来三毛又来了。三毛之后又来了席慕蓉，当时很多朋友结婚，我都送席慕蓉诗集，并朗诵席慕蓉《一棵会开花的树》。现在回想起来那时台港文学不仅是一种艺术，而且还有某种思想上的启蒙，让我们看到了传统、个性，奔放、细腻。北京青年报曾经组织过一次讨论，讨论两句话，一句话是三毛的，一句话是焦裕禄的。焦裕禄说，心中装的是全体人民唯独没有他自己，三毛说：“完全为我，是自私自利；完全舍己，却虐待了一个小生灵——自己。”在今天看来没什么好争论的，当年却是一个争论的话题。我们也发现，不仅仅要讲台湾文学是支流，我们是主流，我们是中心，他们是边缘。但也不能忽略：文化的中心和边缘有时会互换，发源地如果故步自封，就无法永远占据主导地位。我 1984 年拿到硕士后从事台湾研究。开始是看作品，后来作家来了，可以接触到人，再后来可以到台湾各地去行走，去了解这些作家的文化氛围和文化土壤。慢慢觉得研究台湾有其大陆意义，为什么，一是台湾是传统中国人面对现代挑战的社会。不管外省人本省人，都保留了许多在大陆快要消失的传统。二是台湾地区比我们大陆开放得更早，更早接触到西方的各种思潮、制度、技术。因此，中国传统如何面对西方，台湾怎么应付挑战？他们成功经验是什么？失败之处是什么？什么地方值得我们去学？文学方面也有值得揣摩的经验教训。

余光中不仅仅是一个文学家，他还是语文教育家和翻译家。对古代汉语和现代中文研究甚深。汉字真的是我们的无价之宝，大概七八年前，新浪网征集网友的意见，什么是我们中华文化的象征，回答很多，有人说长城，有人说长江，有人说黄河，有人说针灸，有人说旗袍，有人说功夫，还有人说麻将。如果要找一个文化象征，我以为应该是方块字。我们这个国家方言非常多，福建就有七八种方言，我们还能保持长久凝聚力，为什么？我们有方块字，拼音文字，音一变字就变了，所以英国人一般人看不懂他们两百年前的文字，那是古英文，我们还可以读两千年前的汉字，读《诗经》。汉字让我们保留了很多文化典籍，保留了很多深刻简洁的典故和美好意象，保留了传统家训，风俗习惯，二十四节气等等，而且还造就了汉字文化圈，包括日本，韩国，越南还有缅甸还有一些，他们的文字里面明显受到汉字影响，越南人就有点傻，他们就想把汉字给灭掉，结果最后发现伤筋动骨。日本人曾经也想把汉字去掉，后来发现不行，所以日文有一些汉字的字根在。你现在到日本去旅游，你要去看樱花你不会日文怎么办？没关系，你用繁体字写，何处赏樱，把这四个字字拿给日本人看，他也看得懂，会告诉你怎么走，到什么地方看樱花。

但是“五四”以来方块字受到很多的误解，不管“左派”“右派”都认为汉字是糟粕，是累赘，他们排斥方块字的逻辑是这样的，为什么近代中国老是挨打受尽列强欺辱，因为百姓愚昧，科技不发达，为什么愚昧科技不发达，因为文盲太多，为什么我们文盲这么多，因为汉字太难学，所以要把汉字废了，改用世界语或者拼音文字。在那种大气候下，鲁迅也说过这样狠话，汉字不灭中国必亡。但他自己是文学大师，一手漂亮的中文。现在发现汉字很好啊，可以进入电脑打字，台湾人学繁体字，他的语文水平也不会比大陆低啊，他们看竖排的典籍比我们更习惯，繁体字里头有很多的意象，让人“望文生义”。比如，繁体字的“親”旁有见，常常相见才亲；“義”字底下是有我的，舍生取义，见义勇为，当然是要把我放进去，对不对。因为方块字有内涵，它辐射了整个东亚文化圈，影响到这个文化圈里的思维方式审美方式和表达方式。这是真正的软实力。中国古人有文字崇拜的传统，台湾至今保留了很多的惜字亭敬字亭，对文字非常尊重。中文是很了不起的，别以为它只是迎风洒泪、见月伤心、多愁善感的工具。在一个学习型社会中，它是一个人安身立命的基础。中文好的人，听，比别人更明白；说，比别人更巧妙；读，比别人更深入；写，比别人更中肯。余光中为他的母亲写过两首诗，刻在她的墓碑上。他说，诗句透明而且永不腐烂。你们不要以为诗没有用，我碰到两个老太太，都 90 多岁，眼睛耳朵都不行了，能聊得来的人也日渐稀少。一个人自杀了，另一个活得很有劲，因为她内心很丰富，她做什么？她每天背诵《古文观止》，这是她年轻时候背下来的，她现在每天背一篇，在铿锵的节奏中，在古人的豪情中，在对当年课堂的回忆中，她活得很开心。她不靠别人安慰活着，她内心自成世界。所以学中文的人，要真正把文学作品作为你的生命资源，直到生命尽头。人生的路很长，每个人都要有自己的意中书。意中书，就是大难临头的时候，你要带走的那一本。李泽厚下放时带了两本，康德的《批判哲学的批判》和屈原的《离骚》，张爱玲最爱《红楼梦》。

余光中去世以后无数的人在哀悼他，朋友圈里反响非常大，从海外的华人圈一直到东南亚到香港到台湾到大陆，都有非常多的人在悼念他，怀念他的各种诗，包括很多文学名家。南京有个先锋书店，每年都有很多诗人在12月31号晚上来书店吟诗，跨年到第二天早晨，去年跨年时，很多人在那里吟诵余光中的诗歌。

余先生2014年来厦大开会，我们省委宣传部部长李书磊，特地赶来厦门，来请教余光中先生，语文教育要怎么办得更好？因为他也是很好的散文家，也意识到我们的作文水平在下降，虽然我们有很多高考文科状元，他想来请教余先生。当时我也在旁边，我就跟李部长说，我说现在我们的语文教育确实有很多问题，如果拿《乡愁》这篇课文来考余光中先生，余光中先生肯定也不及格，因为他也不知道这个标准答案是什么。余光中听了也笑。余先生说，要通过吟诵古文古诗培养语感，而且语感一定要在中学时期完成。大学里还有大一国文，其实形同虚设，就像一个人发育年龄过去了，再给他吃钙片再给他吃补，他也没法长高了。

说到生命的成长，余先生有个题字："根索水而入土，叶追日而升天。"指出生命的两个方向。比如一棵植物，一个方向就是向下，根要向下；另一个方向就是向上，叶要往天高处。我们向西方学，学习最先进的科技，像人工智能机器人等等，可以说是追日，我们也不能忘记自己的传统，就好像往下扎根。

就余先生来讲，他的阅读经验就是两方面的发展，他是外文系的，他很早在大学时期就阅读了莎士比亚全集，而且他会把英文词典全部背下来。在中学时代他就向往西方，他会把西方的地图画下来，每个港湾、土耳其那边是怎么样、欧洲的海岸线是怎么样、英伦三岛是怎么样，他都画得非常熟。甚至可以说，他的旅游是对他少年地理记忆的温习和实践。但是另一方面他又很乡土，他熟读中国古代典籍和通俗文学，唐诗宋词研究得比中文系的教授还更好。他的家族的观念也非常深厚，母亲去世后，他把悼念母亲的诗刻在母亲的墓碑上。这首诗叫作《今生今世》："今生今世，我最为忘情的哭声有两次，一次在我生命的开始，一次在生命的告终。第一次我不记得是听你说的，第二次你不会晓得，我说也没用。在两次哭声的中间有无穷尽的笑声？回荡了整整30年。一遍一遍又一遍。你都记得我都晓得。"

这些诗好像很简单，没有什么华丽的词句，但是一片真情，我们现在很多诗很晦涩，很虚无，很堆砌，但是不能走进我们的心里。

余先生有一本诗集《高楼对海》就是在中山大学楼上写的，余光中先生住过的几个大学都很漂亮，像香港中文大学、厦门大学。余光中一直到去世前不久还在上课，还要批改大学生的作业。中山大学山上有很多猴子，有一次先生在上课，突然有一只猴子跑进教室，女生都尖叫起来，余先生很镇定："走开"，叫猴子出去，猴子很聪明，就出去了。后来，猴子又来了几次，却都很规矩，坐在后面，余光中先生就给他花生吃，说它"孺子可教"。余先生是一个很镇定的人。别人骂他，他也不怕。他第一次回厦大母校时，我陪他在校门口的晓风书店，签名售书，同学排队很长。余先生一来，队伍就乱了，挤作一团。我就很慌，余先生很镇静，大喊一声，排队，不排不签了。大家都很规矩去排队。有人递一本上来，余先生发现是盗版书。那学生排了很久，正担心不给签名。但余先生说："这是我的私生子"，还是签了。2002年，余先生到厦门开会，很多人来找他，都被我挡掉了。一个重庆工商大学的老师来找余先生，我就放她进来了，她和余先生用重庆话聊得非常开心。我趁机说，"十年树木，百年树人"，有钱，一座大楼一下就盖起来了，但培养一代人才要花百年。余先生是在你们重庆成长起来的人才，你们应该请他回去。那老师把话带回去了，第二年重庆市政府就邀请余光中夫妇和我去重庆。余先生一到沙坪坝，就被一群小学生认出来，对着他背诵《乡愁》，我说，余先生，你这种"童子能吟"待遇只有唐朝的诗人才有。余先生很亲切很重情，回重庆故居时找到年轻时候的邻居玩伴，对方说，虽然你是官家，但你没有看不起我们农民，余先生说我当时就是一个小难民，逃难这里，你们对我很好。余光中看到门口那棵大树还在，笑着对那个少年时的玩伴说"我们再来比赛爬树"。

乡愁这个问题，余先生有自己的看法。他说乡愁是我的招牌菜，但是我的菜单里还有很多菜。乡愁是我的名片，但我不希望这张名片遮住了我的脸。上次厦大校庆的时候请余先生来，在一个可以容纳上万观众很大的足球场内。余先生和我们一位中文系的教授一起朗诵《乡愁》，事后我看余先生不太高兴。问他为什么，他说你们的教授对乡愁的诠释跟我不一样，因此教授朗诵声音比较尖锐，其实我的乡愁是甜甜的，有童诗的味道。虽然《乡愁》并不是余先生写得最好的一首诗，但它很早进入了我们的小学课本，现在读《乡愁》的小学生长大了。当他念起《乡愁》，就会想起当年同学，想起母亲煮的汤，村前的老树，诗句存在我们内心最柔软处，成为一种新乡愁。

当年许多北方人被国民党裹挟去台湾，刚到台湾他们的感觉就像现在我们去非洲，很多树和花甚至水果都不认识，闽南语也听不懂。漂泊之感深入骨髓，一去就是三四十年，乡愁是极其强烈的。余光中《乡愁四韵》写得比《乡愁》更加刻骨铭心。全诗有四个意象：长江水、海棠红、雪花白、蜡梅香。它们是我们民族文化心理中为人熟悉的形象，分开来看，不足为奇。然而，经过诗人精心组合，却有化平凡为神奇之效。

其精妙之处有四：诗形上，相互钩联中发展演进，此其一。全诗四段，字数、句式基本一致。由于句式相仿，虽不押韵，以四个意象为中心的四个段落依然显得一气呵成，回环往复，使乡愁情思的主旋律在变化中不断得到加强。意象上，整体经营，层层推进，此其二。长江水是部分，海棠红是整体。醉酒的滋味和沸血的烧痛，比较多地属于生理上的反应；家信的等待和乡土的芬芳则更多的是心理上的感觉。由部分而整体，自生理深及心理，显出纵深感。形象鲜明，唤醒通感，此其三。四个意象共同作用于我们的视觉、味觉、听觉、触觉和嗅觉，遥相呼应，把我们所有的感官都打通了。每一个意象都不是平面粘贴，而是立体引申铺展：一瓢长江水——酒——醉酒——乡愁。一张中国地图——海棠——红——血——沸血——烧痛。一片雪花——白——信——家信——亲友——等待。一朵蜡梅——香——母亲的芬芳。其四，语言纯净，清淡中见隽永。纯净不是一种消极的放松，它以淡取胜，以简取繁。语言在晦涩中见深奥，是一种冒险的艺术；语言在清淡中见隽永，是艺术中的艺术。

乡愁对余光中第一层是家乡、人物和回忆，第二个层面是故国的风土，是文化层面上的，比如唐诗宋词书法绘画。余光中三度赴美，读书和客座。在美国的时候很寂寞，有时独自在高速公路上开车，开一两个小时，白雪茫茫，四下无人，这时就会吟诵唐诗宋词，吟到兴起，拍着方向盘，热血沸腾。余先生不是任何教派的信徒，但是他有没有宗教情怀？有，他的宗教情怀就是把中文写好，让大家热爱中文，通过富有生命的文字体验中华文化的丰富和博大。他说："这个世界我来时收到两件礼物，一件是肉身，一件是语文，走的时候两件都要还给它，一件已经被我用坏，连它也认不出来，另一件我越用越好，还它的时候，比领来的时候更新、更活，纵我做它的孩子有千般不是，最后我会被宽恕，被它欣然认作自己的孩子。"人老肉身衰朽，眼花耳背，手也会抖了，脚也走不动了，但是中文在他的手里变得更好，更加活泼多姿了，这样他的使命便完成了。

文学大师是民族魂，文字是民族文化的核心，所以英国人说，我们宁愿失去印度，不能失去莎士比亚。英联邦曾经是日不落帝国，印度是它最大的一块领地，但他们认为经济利益物质财富并不足以凭借，再了不起的大帝国也难传之久远。这与我们中国"屈平词赋悬日月，楚王台榭空山丘"所见略同，他们都认识到，只有由典故成语神话诗歌累积而成精神气质，才能让民族立于不败之地崛起于患难之中。

孔子政治哲学与治国方略

（2018 年 11 月 8 日）

高培华*

历代封建王朝在神化孔子的同时，按照自身需要模塑孔子，近现代转而猛烈“批孔”，导致学界对孔子误解丛生。新时期以来，对其政治哲学与为政方略误解犹深。正本清源，廓清误解，已经成为增强文化自信、继承和弘扬中华优秀传统文化的当务之急。

一、正名主义，还是民本主义

《论语·子路》第三章子路问：“卫君待子而为政，子将奚先？”孔子回答：“必也正名乎！”子路说：“有是哉，子之迂也！奚其正？”孔子批评子路“野哉”，接着讲了“名不正，则言不顺；言不顺，则事不成”等一番道理。这是孔子唯一一次对“正名”的论述，学界耳熟能详。但是对于“正名”的解释，却是古今多误。要廓清误解，须弄清此章师徒对话的历史背景。

此章应系哀公六年（公元前 489 年），子路所谓“卫君”乃卫出公，名辄，卫灵公

---

* 高培华，教育学博士，河南省教育科学研究所研究员（原科学研究所所长、省教育史志主编）、编审，享受国务院特殊津贴专家，中华优秀传统文化教育“2014 年度卓越贡献人物”。担任中国地方教育史志研究会副会长、河南省教育学会副会长等。在《中国社会科学》《光明日报》《中华读书报》《文学遗产》《教育研究》《华东师大学报》《史学月刊》《齐鲁学刊》《寻根》等著名报刊发表论文 60 多篇，出版专著 3 部，其中《卜子夏考论》获河南省社科优秀成果一等奖；主编《河南教育通史》《中原文化大典·教育典》《河南教育的历史跨越（1978～2008）》等大型图书多部，主编《河南教育年鉴》18 卷 3000 多万字。研究领域为中国文学、教育史、思想文化史，在《论语》和孔子孔门弟子研究方面颇有建树。

之孙、太子蒯聩之子。据《左传》，定公八年（公元前502年）晋卫会盟时，赵简子怂恿部下公然羞辱卫灵公，严重伤害了卫国的尊严。灵公归国无颜入城驻跸郊外，大夫们去问缘故，灵公悲愤地说："寡人使社稷蒙羞，你们去占卜另立国君吧。"大夫们无不义愤填膺，同仇敌忾；又"朝国人（武士阶层）"问："若卫叛晋，晋五伐我，病何如矣？"皆曰："五伐我，犹可以能战。"经过如此举国动员和表决，卫国遂断绝了卫晋联盟。而卫太子蒯聩谋刺南子不成流亡国外，却投靠了赵简子。

哀公二年（公元前493年）卫灵公殁，赵简子企图送蒯聩归国继位以控制卫国；忠于灵公的大臣则拥立蒯聩之子公孙辄继位，拒蒯聩于卫晋边界的戚邑（辄年少，掌实权的是孔文子等大臣），形成表面上是卫出公父子争国，实际是卫以齐鲁为后援抵御晋国干涉，长期相持不下的局面。四年后，孔子师徒自楚返卫，孔子所谓"正名"，正是针对卫国君臣父子名分紊乱之局。

从汉儒郑玄直到北宋邢昺，皆注"正名"为"正百事之名""百物之名"。此注大而无当，若孔子真是不顾卫国君臣父子名分紊乱的当务之急，意欲普遍纠正事物的名称之误，那么子路所说"子之迂也"，岂非正中肯綮！为纠正旧注，朱熹《论语集注》曰："是时出公不父其父而祢其祖，名实紊矣，故孔子以正名为先。谢氏曰：'正名虽为卫君而言，然为政之道，皆当以此为先。'"此论指出"正名"的具体针对性，却忽略了首先实施"正名"的必要前提（如果他国没有名分紊乱问题，自然不需要正名），误将"名不正，则言不顺"等语作为一般道理的正确性，混同于"正名"为政方略的普适性。

胡适受此影响，将《中国哲学史大纲》第四篇第四章名为《正名主义》，以之概括孔子的政治哲学，视作"孔子学说的中心问题"。他先引述《论语》"正名"一章，又引其他涉及名实关系的章节及"齐景公问政"章，然后说："'君君臣臣父父子子'，也只是正名主义。"勉强完成了"正名"的普适性论证。从此开始，"正名"被泛化为普适性政纲，与"君君、臣臣、父父、子子"画上等号。以后论者无不受其影响，以致批评孔子"企图用过时的旧名来纠正改变了的现实，乃是逆历史潮流而动"的观点成为学术界主流。

其实，齐国与卫国政局不同，孔子开的药方也不同。"君君、臣臣"云云，是要求君臣父子的行为符合各自身份，到位而不逾越本分，这分明是正身、正行而非正名；硬说是正名，是偷换概念。如果说齐国的“君不君、臣不臣”等乱象，在春秋之季确有普遍性，此药方也相应具有普适性的话；那么，卫国的君臣父子名分紊乱，却是春秋列国的一个特殊个案，“正名”并无普适性，将其泛化为“正名主义”是莫大误解。

如此违反逻辑的论证，竟然被学界普遍接受，直到它流行60年后，张岱年教授始醒悟道：“以前，很多人（包括我在内）解释正名，都以‘君君、臣臣、父父、子子’为正名的主要内容，这在事实上恐怕并不切合于正名的含义。‘君君、臣臣、父父、子子’，可以说是‘循名责实’，而正名是纠正名义，并不是一回事。”此论发表36年了，对于“正名”的误解，至今依然充斥于各种《论语》注本和有关论著。

如能摒弃流行的偏见，则不难发现：孔子的政治哲学并非“正名主义”，而是崇仁尚德的民本主义。先秦民本思潮发源甚早。据《尚书》，夏初的《五子之歌》就提出“民惟邦本，本固邦宁”，伊尹授政太甲有“无轻民事”之训，盘庚迁殷有“重我民”之谕；武王孟津会诸侯作《泰誓》三篇，有“民之所欲，天必从之”“天视自我民视，天听自我民听”等句；周公作《康诰》《酒诰》《梓材》，提出“明德慎罚”“用康保民”“无于水监，当于民监”等思想。孔子的政治哲学则是对前人的继承和发展。

二、集三代民本思想之大成

政治哲学是政治与伦理的耦合体，主要以善恶、正义与非正义等道德标准对政治事务作出评判，是关于如何获得美好生活和良序社会的理性反思与实践智慧。孔子搜集古文献，对夏、商、周三代政治作了道德的、价值的反思，又深入考察春秋列国政治，积极投身实践；他汲取前人思想精华，标举仁学的旗帜，对于政治的目的、规律、规范、理想的政治生活、为政方略等，都有深刻论述，构成了含蕴丰富的政治哲学。主要内容如下：

“仁者爱人”，推行忠恕。仁是协调人际关系特别是宗法政治关系的根本原则，是政治活动的发端与归宿。“使民”即行政，仁者行政须秉持忠恕：“己欲立而立人，己欲达而达人”（《论语·雍也》）是忠，“己所不欲，勿施于人”是恕。仁的基本理念是爱人，仁爱是一种普遍的爱，但不是一视同仁，而是由亲及疏的有差等的爱。仁以孝悌为基点，逐步推广达到泛爱众。它虽有维护宗法等级制度的局限性，却也蕴含着人道主义的光辉和人类永恒价值。

“使民以时”，惠民安民。仁者为政务使“近者说，远者来”；“远人不服，则修文德以来之。既来之，则安之”。欲安之，必富之。孔子主张“因民之所利而利之”，“所重：民、食、丧、祭”。民与食，是政治的群众基础和物质保障；丧与祭，是“慎终追远”，教化安民。《论语·学而》载：“子曰：‘道千乘之国，敬事而信，节用而爱人，使民以时。’”统治者节制用度才能薄赋敛，使民不违农时才能发展生产。孔子称赞子产：“其养民也惠，其使民也义。”“义”者，宜也。“使民也义”，即使民以时、赋役有度；“养民也惠”，即惠民安民。

“为政以德”，政者正也。《论语·颜渊》篇：“季康子问政于孔子。孔子对曰：‘政者，正也。子帅以正，孰敢不正？’”季康子问：“如杀无道，以就有道，何如？”孔子对曰：“子为政，焉用杀？子欲善而民善矣。君子之德风，小人之德草。草上之风，必偃。”论者有谓“孔子具有英雄史观”，这是把社会道德风气养成混同于历史发展的根本动力，既曲解了英雄史观，也误解了孔子。孔子的风吹草偃之喻，与马克思主义的基本观点“任何社会占统治地位的思想都是统治阶级的思想”有相通之处，与现在我们说“执政党的党风是形成良好社会风气的关键”也是一个意思。孔子对政治的基本定义是“政者，正也”，其道德要求首先是针对执政者或准备从政者提出的，要求统治者以身作则、示教垂范，反对“不教而杀”的虐民暴政，才是孔子倡导德政的真谛。

“为国以礼”，宽猛相济。孔子主张“为国以礼”，并不反对法治。他讲：“道之以政，齐之以刑，民免而无耻；道之以德，齐之以礼，有耻且格。”是说为政要崇礼尚德，不能单靠政令刑罚。《左传·昭公二十年》记述，仲尼盛赞子产“宽以济猛，猛以济宽”的为政方略，可见并不排斥刑罚。孔子曾任鲁国司寇，是最高司法官；孔门弟子从政，也不免断狱执法。徐复观曾讲：“说儒家重人治而不重法治，便首先要看对‘法’的解释……若将法解释为刑法，则儒家确是不重视刑法，但并不否定刑法……若将法解释为政治上所应共同遵守的若干客观性的原则，及由此等原则而形之为制度，见之于设施”，则孔子“‘齐之以礼’的‘礼’，其基本精神正合于现代之法治，而法家的‘法’，偏于刑法的意味重，并与现代的法治不同。因此，‘齐之以礼’即是主张法治。”此论当能纠正一些人对孔子、儒家和现代法治的偏见。

“有教无类”，举贤任能。育贤举贤，是善政的基石。孔子设教授徒没有地域、族类和出身等级的限制，实施“有教无类”；他主张选贤任能，“学而优则仕”，“举直错诸枉，则民服；举枉错诸直，则民不服”。“错”，放置；“枉”，邪曲。使正直者位居邪曲者之上，才能够服众。这些无疑是对学在官府、世卿世禄旧制度的巨大变革，与“保守、反动”不可同日而语。

“讲信修睦”，贵和贵公。孔子认为诚信是为人之本、为政之本、立国之本，其言论学界耳熟能详，后面谈为政方略还有引述，此不赘。《论语·子路》载：“子曰：君子和而不同，小人同而不和。”《论语·学而》：“有子曰：礼之用，和为贵。”“和”，即和谐、多样性调和统一，是君子有原则地团结，并非无原则地附和与苟同。贵和，构成中华民族生生不息、融合发展、自尊尊人、热爱和平的精神特质；贵公，则反映了中华民族的精神追求。《礼记·礼运》“大道之行也，天下为公，选贤与能，讲信修睦”那一段话，虽有把原始公有制理想化之嫌，但孔子不是不知道“大同”难以企及，近期只能将“小康”即“三代之英”禹、汤、文、武、周公开创的盛世作为追求目标。其“天下为公，选贤与能”、和睦、诚信等价值理念，对于熔铸中华民族健康而富于凝聚力的核心价值观，发挥了弥足珍贵的作用。

尊君权，张公室，大一统。春秋时代王纲解钮，战乱频仍。孔子尊王以求天下一统，尊君以求张公室、抑私门、惠民生，故有“堕三都”举措，有“谓季氏，‘八佾舞于庭，是可忍也，孰不可忍也’”等反对僭越的言论。孔子维护君主制，却不赞同君主专制。《论语·宪问》：“子路问事君。子曰：‘勿欺也，而犯之。’”认为犯颜直谏是大臣本色，谏诤不听可另择明君。他要求“君使臣以礼，臣事君以忠”（《论语·八佾》），对君主的要求并不亚于臣子。当时“忠”是人际关系的普遍准则，如“为人谋而不忠乎”，“居处恭，执事敬，与人忠”等，并不专指事君。至于《论语·季氏》篇“天下有道，则礼乐征伐自天子出”那一章，曾被视作孔子复古倒退的佐证，其实是维护王权、反对分裂，期盼良序社会的“大一统”主张。此主张经“春秋公羊学”进一步阐发，对历代仁人志士维护统一、反对分裂发挥了重要作用。

三、道德至上,还是民众至上

孔子的为政方略是其政治哲学的集中体现和重要组成部分,也遭到了误解乃至曲解。这里,首先要纠正单以读书、教书论孔的偏差。胡适讲:"孔子的'学'只是读书,只是文字上传授来的学问……中国几千年的教育,都受这种学说的影响,造成一国的'书生'废物。"此论赞同者众,似乎近代中国的被动挨打,亦可归咎于孔子及其开创的教育传统。

历史事实并不是这样。春秋时代还没有常备军,官吏文武不分职,从王公卿大夫到各级地方官,平日理政治民,农闲时节教民备战,战时则为统领所辖区域士卒的各级将领。当时的"礼、乐、射、御、书、数"六艺教育是文武兼备的,"射"是射箭,"御"是驾驭战车,皆为"士"之基本功与必修课。孔子是陬邑大夫之子,早年习得六艺,"射、御"娴熟毋庸置疑。《史记·孔子世家》记"孔子长九尺有六寸,人皆谓之'长人'而异之",先秦1尺约合今0.66尺,按此折算其身高约2.112米;《吕氏春秋·慎大》谓"孔子之劲,举国门之关",可见身材高大膂力过人,这是冷兵器时代超常的军事资质。子曰"我战则克",并非盲目自诩。《论语·宪问》载"子路问成人",孔子将"卞庄子之勇,冉求之艺"列为必备素质。《论语·述而》记"子之所慎:斋,战,疾";又记子路问"子行三军,则谁与?"子曰:"暴虎冯河,死而无悔者,吾不与也。必也临事而惧,好谋而成者也。"临事而惧是慎战,好谋而成是积极谋划争取胜利。《礼记·射义》载"孔子射于矍相之圃,盖观者如堵墙",可见其射艺精湛;此篇记述孔门射艺教学,孔子不仅有动作示范,而且还有射箭要领讲授。凡此足以证明孔子有杰出的军事才能,孔门颇有武艺传授。与此相关,孔子的为政方略也是文武兼备、宽猛相济的。

孔子的为政方略,在《论语》中表现为答弟子时人问政。由于对话简略,时间地点阙如,可发挥的空间很大,哪些有具体针对性不可以泛化,哪些属于一般性论述,需要谨慎区别。通常来说,孔子回答诸侯卿大夫及其已出仕弟子问政,都有特定背景和具体针对性。如鲁哀公、季氏多次问政,孔子都是针对鲁国当时的情况作出回答;齐景公问政,答语则针对齐国的突出弊端;"叶公问政。子曰:'近者说,远者来’”，是针对蔡避楚而迁州来，哀公六年楚招蔡之遗民未迁者为置新邑于负函（今信阳市）的时局；总之都有特定背景和针对性。回答尚未出仕的弟子问政，则多为一般性论述而有普遍意义。这里仅就引用率最高、影响最大的两章，即孔子从不同角度谈“为政三部曲”的两章，对流行的误解略加驳议。

先看《论语·颜渊》篇第七章：

> 子贡问政。子曰：“足食，足兵，民信之矣。”
>
> 子贡曰：“必不得已而去，于斯三者何先？”曰：“去兵。”
>
> 子贡曰：“必不得已而去，于斯二者何先？”曰：“去食。自古皆有死，民无信不立。”

此章着眼点是政府和执政者，其“足食、去食”，所“足”、所“去”究系谁之食？从汉唐注疏到宋儒集注，都含糊不清；直到清代刘宝楠《论语正义》才说清楚：“足食者，《礼记·王制》云：‘冢宰制国用，必于岁之杪，五谷皆入，然后制国用。’《周官·仓人》云：‘掌粟入之藏，有余则藏之，以待凶而颁之’……去食者，谓去兵之后势犹难已，凡赋税皆蠲除。《周官·均人》所谓，凶札，则无力政、无财赋，不收地守地职，又发仓廪以振贫穷……是凶年去食也。”这就阐明：“足食”是在农人丰收季节“善藏其余”，使政府仓廪实；“去食”是去府库所藏，不仅是缓征公粮，而且还要放粮赈灾。然而现代论者多无视刘氏注解，仍将“足食、去食”释为民食，进而批判孔子“道德至上”“道德第一的思想”，断言“在孔子的观念中，民众信任政府并不是建立在‘足食’、‘足兵’基础之上的，‘民’乏食，也可以信任政府”，这实在是学术的退步。

但凡平心研读，仅从孔子答“子贡问政”是就为政者而言，即可看出：“足食”指政府仓廪实，“足兵”指国家武库充足，“民信之”指执政者对民守信、取信于民。接着“必不得已”而“去兵、去食”，是说遇到灾荒饥馑，要缓征军赋、公粮，不仅缓征，而且还要开仓放粮，以保民生、安民命。总之，“去兵、去食”，皆为军备官储，并非民食。知此，则“自古皆有死，民无信不立”，绝非要求民众宁可饿死也要守信，而是说“去食”之后，执政者顶多饿死，但宁死也不能丢弃民众信任这一立国之本。因为国家社稷存亡，远比君主或执政大夫个人生死更重要。君主卿大夫为国而死，虽死而大节不亏；只要有民众信任拥护，就可以选君之兄弟子侄另立新君，从卿大夫家族选其继任者，以维系邦国不亡、社稷犹存。这是春秋时代不断上演着的历史活剧。

作为大思想家、政治家，孔子正是看明了这一点，才将“民信之”作为为政立国最不可缺少的要素。既然最不可少，为何放在“足食、足兵”之后？因为取信于民必须有物质基础。若遇到灾荒饥馑无以养民，有外敌入侵无以抗击坚守，那就根本不可能取信于民。所以，此为政方略，是把备荒备战作为基本国策，无论从哪个角度看都是无可挑剔的。它不仅属于朴素的唯物主义，与历史唯物主义也有相通之处。因为它隐含着对民众在国家兴亡、政权更迭过程中起决定性作用的高度肯定。这分明是民生至上、民众至上，岂能与“道德至上”混为一谈！孟子提出“民为贵，社稷次之，君为轻”，本是这一为政方略的题中应有之义，是对孔子政治思想的继承和发展。后来汉儒提出“王者以民为天，而民以食为天”，则是对于孔孟的正确理解和发挥。

再看《论语·子路》篇第九章：

> 子适卫，冉有仆。子曰：“庶矣哉！”冉有曰：“既庶矣，又何加焉？”曰：“富之。”曰：“既富矣，又何加焉？”曰：“教之。”

此章孔、冉对话的着眼点是民众，所谓“庶—富—教”，是说为政要使人口众多、民众富裕，然后施教。至于“教”字的解释，多数论者释为教化、教育，如说“使庶民富裕起来再施以教化”，或曰“在先庶先富的基础上，才能有效进行教化和发展教育事业”；唯有赵纪彬、古棣等人释为“军事教练”“军事训练”。赵氏讲：“今日所谓‘教’，在《论语》中不名‘教’而名‘诲’，其中‘教’字与今日所谓‘教育’，字面虽同而实质大有区别……富而后教，是主张在民足基础上，使之以时，可以富国；在国富民足基础上，即应教练其民，俾可即戎。”此论有一定道理。《论语·子路》篇还有“子曰：‘善人教民七年，亦可以即戎矣’”，“以不教民战，是谓弃之”，可见“教民”与兵戎、战争密切相关，释作“教育、教化”不够通顺，释作军事训练则比较贴切。但是，春秋战国毕竟是社会大变革时代，语言词汇作为思想观念的载体，对社会各方面的巨变势必会有所反映。赵氏指出《论语》中“教、诲”含义有区别不错，却没有注意到字词含义也在随着时代发展变化，而有将此区别绝对化之嫌。这样既难以自圆其说，如其分析《论语》中七个“教”字，面对《论语·述而》篇“子以四教，文、行、忠、信”，就很难说此教全无教育的含义；也无法解释孟子时代“教”“诲”已可通用，“教育”已经构成一词的现象。我认为，“教”的含义文武兼备，单从一个方面加以解释，都显得片面。

如果能够注意到字词含义也在随着社会变革发生变化，就会发现教的内容、方式等，早已显露出变化的端倪。如《左传·僖公二十七年》记述晋文公、子犯君臣所施“文之教”，就是城濮之战前几年间的军事准备。其中记述晋侯“教其民”二年，欲大举用兵，子犯认为教得还不够，又补上“利民”、使“民怀生”与知义、知信、知礼等内容，使军事训练之“教”开始具有礼乐教化意味。虽然施教仍是军事方式：“出定襄王、伐原取信”是实战中练兵，“大蒐礼”是大阅兵仪式；但“文之教”已有礼乐教化的内容和目的，则是毋庸置疑的。由此发展到春秋末年，不仅孔子设教授徒文武兼备，而且孔门为政教民显然也是文武兼备的。这从《论语·先进》篇子路所言“千乘之国，摄乎大国之间，加之以师旅，因之以饥馑，由也为之，比及三年，可使有勇，且知方也”，即可看出。他使民有勇，就要军事训练；使民“知方”，则须礼乐教化，文武两手缺一不可。可以看出：从晋文公的“文之教”，到孔子的“庶—富—教”，其间继承与发展的脉络显而易见。

总之，孔子的政治哲学是集夏、商、周三代之大成，既继承了“民惟邦本”“明德慎罚”“用康保民”等思想精华，又借鉴了齐桓、晋文的治国方略。他汲取《管子·治国》“凡治国之道，必先富民”等政治智慧，又调整“文之教”的次序，把利民、富民、使“民怀生”调到“教民”参战之前，使之成为富国强兵的重要前提，使“教”的内涵由偏重军训，发展为文、武并重；更提出“有教无类”，在传授礼、乐、射、御、书、数六艺的同时，下功夫搜集整理古文献传授于弟子，推动文教内容丰富发展下移于庶民。其进步作用与深远影响，是不可低估的。我们应当为有孔子这样的文化巨人而自豪，从而坚定我们的文化自信。

第五编

格物致知　寻新求变

图像复原技术及其在光电跟踪控制系统中的应用

（2017 年 7 月 11 日）

张建林*

一、图像处理概述

图像处理就是针对成像过程中导致图像模糊降质的因素进行去除与削弱降质过程的估计，以此获取高分辨率图像，为目标探测跟踪提供关键支撑。

人类获取的信息大部分来源于图像媒体，大量而清晰的图像对人们的日常生活、科学研究都有十分重要的作用。但图像在形成、传输和记录的过程中都会受到诸多因素的影响，所以人们通过各种方式获得的图像一般不可能完整地描述一个物体，实际上它只是一幅记录图像，质量会有所下降。其典型表现为图像模糊、失真、有噪声等，尤其是数字图像（某一物体退化后的影像）常常伴随着噪声的存在。因此，数字图像的处理技术逐渐成为图像分析中的主流，研究和发展图像恢复技术来改善退化的图像也就显得尤为重要。

那么什么是图像复原呢？图像复原就是利用客观标准以及图像的一些先验知

---

* 张建林，中国科学院光电技术研究所研究员，博士研究生导师，2014～2015 年在约翰·霍普金斯大学做访问学者，指导的十余名硕士进入华为、阿里、腾讯、中电 29 所、光电所等单位工作。近 5 年来，作为课题负责人主持或参与完成包括“863”重大专项、中国科学院实验室基金在内的多个课题，主要从事图像复原技术、图像分析与理解技术等研究，发表 SCI 检索论文 20 余篇，申请专利多项，提出的多项信号处理算法与技术用于实际光电跟踪控制设备中，取得了良好效果。

识来改善一幅退化图像的过程。因而，图像复原技术就是先建立图像退化模型，进而逆向反解这个退化过程来获得优化的原始图像的技术。随着图像复原技术的成熟，图像复原技术的应用越来越广泛，如宇宙探测和遥感、生物医学、军事和公安部门复原图像、景物理解以及机器人视觉等方面。本报告拟在讨论图像复原技术和将图像复原技术应用于散焦图像复原以及通过处理数字 B 型超声图像来提高 B 型超声图像的分辨率，从而得到效果较好的 B 型超声图像，提高临床医生的诊断正确率。

随着各类数字成像技术的飞速发展，数字图像的清晰度日益成为衡量数字成像系统优劣的重要指标。在进行模糊图像复原时，如何判定复原得到的图像是否比原图像质量好，清晰度是否有所提高，这些问题都涉及如何客观、有效地评价数字图像的清晰度。目前，对数字图像清晰度的评价方法有很多，综合起来主要有以下几类：空域参数方差、熵以及频域调制传递函数（Modulation Transfer Function，MTF）等。这些方法各有优缺点，如空域参数法虽评价简洁、快速，但对图像清晰度的细小变化不敏感；频域参数虽对图像清晰度变化敏感，但计算速度较慢，难以实现程序运算的自动化。

对于不同原因形成的模糊图像，评价其清晰度的具体参数也有所区别。对于离焦模糊图像，常用图像灰度熵法和图像灰度方差法来评价其清晰度。这两种方法计算简单，但构成的评价函数在焦平面附近的变化曲线平缓，且存在两个极值点，将其用于自动调焦等领域时效果不太理想。另外，还可以将图像灰度梯度向量模方和、罗伯茨（Roberts）梯度和以及拉普拉斯（8 邻域微分）算子和等参数作为离焦模糊图像的评价函数。与以往的图像灰度熵和图像灰度方差评价函数相比，这几种评价函数计算复杂，但这些评价函数具有无偏性好、单峰性强的优点，在焦平面附近具有变化趋势明显和灵敏度高的特点，更能真实地体现离焦模糊图像的清晰度。对于运动产生的模糊图像，其清晰度评价函数有以下几种：①邻域灰度差绝对值之和，此算法以四个方向相邻像素的灰度差的绝对值之和为评价函数；②罗伯茨梯度和，此算法利用的是像素的交叉位置关系；③灰度差方和，此算法以与 x，y 方向相邻的两像素灰度差的平方和为评价函数；④邻域灰度差方和，此算法以 4 邻域像素灰度差的平方和为评价函数。

在进行图像复原工作的时候，可以把图像质量评价标准作为一个课题来进行研究，并针对特定类型的图像，研究特定的图像质量评价标准。通过客观的图像质量评定标准来判断复原后的图像质量是否改善及其改善的程度。但是，在进行图像复原时经常会出现以下情况：图像清晰度在主观视觉上有了比较明显的改善，但是其清晰度函数的评价值却不一定提高，或者提高得很少，所以不能将清晰度评价函数值作为图像复原的质量的唯一评价标准。在参考复原图像清晰度评价函数值改变的同时，还需要人眼的客观判断，二者的结合才是对图像复原效果的客观且相对准确的判断。

高对比空间分辨率又称“细节分辨率”。美国医学超声学会将高对比空间分辨率定义为：在一定增益条件和深度范围内，能识别与周围介质相比具有高水平背向散射的两个等反射体或散射体之间的最小距离。在临床上，高对比分辨率表现在识别胆囊结石、肾结石、钙化灶等方面。高对比分辨率又包括以下三个方面：

1.横向分辨率

横向分辨率是指在既与声束垂直又与探头短轴方向相垂直的直线上，能被分别显示的两个目标间的最小距离。影响横向分辨率的因素与声束宽度有关，改善横向分辨率的方法主要是采用声束聚焦，使声束变窄。信号处理技术（如发射点聚焦、接收实时逐点动态聚焦、实时动态孔径等）是减小声束宽度、改善横向分辨率的有效手段。另外，还可以对获得的超声图像进行后期处理，来提高其横向分辨率。横向分辨率与图像质量有关，仪器的图像质量主要取决于横向分辨率。

横向分辨率高在临床上的表现为图像细腻、微小结构显示清楚。改善横向分辨率在临床上的应用：对重点目标观察时，一定要将发射焦点调到目标处（此处具有最佳的横向分辨率）。这样，显示的图像才能确切反映目标的真实情况，如肾结石或胆囊结石的大小。发射焦点在不同深度测得的结石大小是不同的，但只有发射焦点在目标处时最准确。因此，在临床上应用时，若要观察某一结构，一定要将发射焦点调整到该结构所在的深度位置，这样才能获得横向分辨率较高的超声图像，为临床诊断提供真实可靠的依据。横向分辨率是超声设备所有工作指标中最重要的一个,对超声图像的质量起着至关重要的作用。

2.纵向分辨率

纵向分辨率是指在声束传播方向上能被分开两个目标间的最小距离。纵向分辨率与探头的频率呈正比,探头的频率越高,纵向分辨率也就越高。在临床上,纵向分辨率的好坏主要表现为所能显示组织结构的层次丰富程度。纵向分辨率好的仪器,显示的组织层次清楚丰富;纵向分辨率差的仪器,显示的组织层次非常少。评价纵向分辨率的标准图像为右肋缘下肝斜切面、颈总动脉长轴切面。

3.厚度分辨率

对于相控阵探头、线阵探头和凸阵探头而言,除了横向分辨率、纵向分辨率外,还存在第三个方向上的分辨率——厚度分辨率,又称为"切面分辨率"。

厚度分辨率是指在既与声束垂直又与探头长轴方向相垂直的直线上,被分别显示的两个目标的最小距离。厚度分辨率与探头厚度有关,通常采用声透镜聚焦的方法来改善厚度分辨率。厚度分辨率越好,图像反应组织切面情况越真实。评价厚度分辨率的标准图像为细小的管道结构、胆囊切面图像。

4.低对比分辨率

低对比分辨率(简称"对比分辨率")是指分辨分布在漫反射背景下的漫反射目标的能力。低对比分辨率的大小取决于漫反射目标的大小和对比度。低对比分辨率越高,分辨声阻抗差别细小的组织的能力越强。

评价低对比分辨率的标准图像:

(1)高背景低对比分辨率:常选择中期妊娠的胎儿颜面声像作为评价低分辨率的标准图像。以胎儿的鼻部横切面为例,如果能清晰地识别出胎儿的鼻部、面颊以及上颌骨,就可以说它具有良好的低对比分辨率。

(2)低背景低对比分辨率:常以肾脏声像图作为评价低对比分辨率的标准图像。对于正常肾脏,可以把肾锥体视为在漫反射(肾皮质)背景下的漫反射体。若超声诊断仪能清晰地分辨出正常情况下低回声的肾皮质内更低回声的肾锥体,则说明它具有极佳的低对比分辨率。

各项指标间的关系:

(1)细节分辨率与低对比分辨率的关系:细节分辨率与低对比分辨率不是独立的,两者相互影响。低对比分辨率越好,细节分辨率就越好。在评价机器的性能时,更多的是谈及细节分辨率,而忽略了低对比分辨率,这主要是因为细节分辨率更容易检测。其实,在临床应用中,低对比分辨率也非常重要。几个毫米的结石和胆囊息肉,是很容易识别的,这是因为这些病变与周围背景有良好的对比,也就是说这些病变只反映了高对比分辨率或细节分辨率。然而,有些病变发展到1～2 cm,超声检查也发现不了。这是为什么?不是细节分辨率的问题,而是低对比分辨率的问题。这种情况一般发生在病变和周围的背景非常接近的情况下。因此,在评价B型超声诊断仪的图像质量时,应综合细节分辨率和低对比分辨率来评价,低对比分辨率不可忽视。

(2)动态范围与穿透力的关系:动态范围与穿透力系统所能处理的信号动态范围越大,系统的信噪比越高,穿透力也相对较高;穿透力高,系统的动态范围也越大。可见,动态范围与穿透力也是密切相关的。

二、图像复原理论

由自适应光学图像的成像过程分析可知:由于各种因素的影响,相对于空间理想目标图像 $f(x,y)$,自适应光学图像虽然经过了自适应光学系统的波前像差校正,但是这种校正是有限的、不完全的校正。尽管实际观测到的自适应光学图像 $g(x,y)$的质量虽然有所提高,但图像的分辨率和对比度不高,在对自适应光学图像细节进行观测时,不能达到分辨率的要求。因此,希望通过图像复原的方法来估计出原来的目标图像 $f(x,y)$。

在自适应光学图像处理过程中,对实际成像系统得到的低分辨率图像$g(x,y)$进行一系列二维采样操作,可以改善图像质量,提高图像的分辨率、信噪比和对比度,使处理后的图像逼近理想目标图像 $f(x,y)$。在实际的数学物理求解过程中,已知描述问题的微分方程,如初始条件、边界条件、响应过程,就可以求解方程,从而得到被研究对象在各个过程和状态的观测数值。通常,我们将这类问题的求解称为“正问题”。自适应光学目标图像 $f(x,y)$经过一系列的成像过程及相关因素的影响（通常将这些图像的退化过程用一个退化函数表示），得到一个观测图像 $g(x,y)$，这个过程就是一个“正问题”。在研究过程中，根据已知对象的数值观测，分析它服从什么样的方程，然后确定产生该过程和状态的输入响应函数，确定过去的初始状态、边界控制条件，这个过程称为“反问题”。理想目标图像经过成像系统后得到的观测图像是“正问题”，这个过程在数学上相当于卷积运算。图像的复原过程就是个“反问题”，即由观测图像求解成像系统的系统函数和原始目标图像的过程，这个过程在数学上相当于解卷积运算。根据观测图像的结果，估计出目标图像的过程就是一个“反问题”。在成像过程中，由于成像系统孔径的限制，需要对图像降质（成像过程中的降质过程相当于一个低通滤波过程），从而使目标图像的高频信息成分受到抑制或者衰减。在成像时，若忽略成像系统孔径的限制，目标图像的频率分量都参与成像，会使成像系统所得到的观测图像接近物体或衍射极限时分辨率。然而，实际上成像系统会受到孔径大小、残余像差以及噪声的影响，目标图像只有部分频率分量参与成像，一些高频分量会被丢失或被截断，使图像失真，降低了图像的对比度和分辨率，影响对图像细节的观测。我们所进行的图像复原处理就是要“找回”丢失的高频分量，获取图像的更多细节信息。在图像复原过程中，病态性作为图像复原的一个属性，使图像复原过程中存在一定的困难。因为在一些问题的求解过程中，求得的解并不连续依赖于观测数据。假设退化函数 H 是可逆的，那么可得到逆滤波解为

$$F=H^{-1}(G-N)$$

式中，H 相当于一个低通滤波函数；F 为原始未失真图像 $f(x,y)$ 的傅立叶变换；G 为退化图像 $g(x,y)$ 的傅立叶变换；N 为噪声 $n(x,y)$ 的傅立叶变换。在高频域中，当 H 趋于 0 时，噪声的微小变动就会对 F 产生巨大的影响，使复原得到的图像与目标图像偏差较大。线性方程组 $H(x)=0$ 在求解过程中，当未知数个数大于方程数或 $\det(H)=0$ 时，存在非零解，多数图像复原的求解过程属于以上两种范畴，这就会使得求解 F 时得到的解不唯一，如当存在 $G_1=H(F_1)+N_1$，且存在 F_2 使得 $H(F_2)=0$，那么 $G_1=H(F_1+F_2)+N_1$ 亦成立，即求得目标图像 F 存在多个。数学家雅克·阿达马（Jacques Hadamard）对该类问题进行了定义，一个问题的求解过程若是满足：

①解存在;②解具有唯一性;③解依赖于观测数据。那么,该问题是良性的。

当其中任何一个条件得不到满足时,则求解的问题是病态的。纳希德(M. Z. Nashed)对良态的概念进行了推广:若是一个方程的求解在最小二乘意义下具有良态性,则该方程存在唯一的最小二乘解。数学家吉洪诺夫(A. H. Thxohob)为了将问题的病态转为良态,使解具有合理性,提出了一种处理病态问题的正则化方法,其基本思想是利用解的先验知识,通过附加约束条件使问题的解变得具有确定性和稳定性。尽管图像复原在过程分析和实际计算上仍然存在许多难点,但它已具备坚实的理论基础。

图像复原的方法多种多样,按照处理域的不同可以分为空间域算法、频域算法、小波域算法和混合域算法;按照图像处理帧数的不同又可分为单帧图像复原技术和多帧图像复原技术。在实际的图像处理过程中,单帧图像处理方便简单,需要的时间相对较少,更有利于实验的应用;多帧图像处理相对复杂,需要一定的时间,需要对图像进行配准处理。按照点扩散函数信息是否已知,图像复原可分为解卷积、盲解卷积等。当完全知道点扩散函数的信息时可采用解卷积算法处理,当知道点扩散函数的部分信息或完全不知时,常采用盲解卷积算法。在实际的算法处理过程中,常常会用到一些经典的图像复原算法来估计图像,如点扩散函数的初始估计,或者与其他方法相结合进行图像复原方法的改进,这些经典的算法主要有:逆滤波算法、维纳滤波算法、最小二乘法和露西-理查森(Lucy-Richardson)非线性迭代算法。

混沌密码及其在多媒体保密通信中应用的进展

(2017 年 8 月 14 日)

禹思敏*

一、密码学的发展史

随着信息化、数字化社会的发展,人们对信息安全和信息保密的重要性的认识不断提高。在信息安全中起着举足轻重作用的密码学也就成为信息安全课程中不可或缺的重要部分。密码学是以研究秘密通信为目的,即对所要传送的信息采取一种秘密保护,以防止第三者窃取信息的一门学科。密码学早在公元前 400 多年就已经产生,人类使用密码的时间几乎与使用文字的时间一样长。密码学的发展过程可以分为四个阶段:古代加密方法、古典密码、近代密码以及现代密码。

下面主要介绍近代密码和现代密码。近代密码始于 20 世纪 70 年代,是计算机科学蓬勃发展推动的结果。快速电子计算机和现代数学方法一方面为加密技术提供了新的概念和工具,另一方面也给破译者提供了有力武器。计算机和电子学时代的到来给密码设计者带来了前所未有的自由,他们可以避免原先用铅笔和纸

* 禹思敏,1957 年生,湖南省双峰县人,工学博士。广东工业大学自动化学院教授、博士生导师,广东省南粤优秀教师。先后主持国家自然科学基金和省部级科技项目 15 项,在《IEEE 通信》(*IEEE Transactions*)、《中国科学》等国内外杂志刊物上发表论文 100 多篇,其中 SCI 收录期刊论文 70 多篇,SCI 他引 1300 多次。国家发明专利授权 7 项,出版学术专著 3 部、教材 3 部。兼任中国密码学会混沌保密通信专业委员会委员,多个国际杂志编委,历届国际混沌、分形理论与应用研讨会(International Workshop on Chaos-Fractals Theories and Applications)的学术会议委员。广东省优秀博士学位论文、广东省优秀硕士学位论文指导教师,担任 2013 年度广东省教书育人楷模先进事迹报告团的宣讲成员。曾获国家自然科学二等奖、教育部自然科学一等奖、广东省科学技术二等奖。

进行手工设计时易犯的错误，也不用再面对用电子机械方式实现的密码机的高额费用。总之，利用计算机可以设计出更为复杂的密码系统。

德国发明家亚瑟·谢尔比乌斯(Arthur Scherbius)于1919年设计出了历史上最著名的密码机——Enigma。在第二次世界大战期间，Enigma曾作为德国陆、海、空三军最高级密码机使用。Enigma机使用了3个正规轮和1个反射轮，使得英军从1942年2月至12月都没能解读出德国潜艇发出的信号。转轮密码机的使用大大提高了密码加密速度，但由于密钥量有限，在第二次世界大战中后期引起了一场关于加密与破译的对抗。首先是波兰人发现德军电报中前几个字母重复出现，由此破解了早期的Enigma密码机，然后又将破译的方法告诉了法军和英军。英军在计算机理论之父——图灵的带领下，通过寻找德军在密钥选择上的失误、夺取德军的部分密码本、获得密钥以及进行选择明文攻击等手段，破译出许多德军非常重要的情报。

1942年，美国制造出了世界上第一台计算机。美国利用计算机轻松地破译了日本的紫密密码，使日本在中途岛海战中一败涂地。1943年，在获悉山本五十六将于4月18日乘中型轰炸机，由6架战斗机护航，到中途岛视察时，罗斯福总统亲自作出决定——截击山本五十六。山本五十六乘坐的飞机在去往中途岛的路上被美军击毁，山本五十六坠机身亡，日本海军从此一蹶不振。密码学的发展直接影响了第二次世界大战的战局。

密码编码和密码破译的斗争是一种特殊形式的斗争，隐蔽性是这种斗争的一个重要特点。无论是使用密码的一方，还是破译密码的一方，他们的工作都是秘密进行的。特别是他们工作的最新进展，更要严格地保密。当一方改进了自己的密码编码方法时，他们不会公开所取得的进展；当另一方破译了对方的密码时，也不会轻易地泄露破译的成果和破译的情报，以便能长期地获取情报和更有价值的信息。所以，密码战线上的斗争是一种无形的、不分空间和时间的、隐蔽的战争。无数历史事实证明，战争的胜负在很大程度上取决于密码保密的成败。

直到1949年，香农发表了一篇名为《保密系统的通信理论》的论文，开启了现代密码的时代。该文首先将信息论引入了密码，从而把已有数千年历史的密码学推向了科学的轨道,奠定了密码学的理论基础。

由于受到历史的局限,20 世纪 70 年代中期以前的密码学研究基本上是秘密进行的,而且主要应用于军事和政府部门。密码学真正的蓬勃发展和广泛应用是从 20 世纪 70 年代中期开始的。1977 年美国国家标准局颁布了数据加密标准(DES)用于非国家保密机关,该标准完全公开了加密、解密算法。此举突破了早期密码学的信息保密的单一目的,使得密码学得以在商业等民用领域广泛应用,给这门学科带来了巨大的生命力。

1976 年,美国密码学家迪菲和赫尔曼在一篇名为《密码学的新方向》的文章中提出了一个崭新的思想,不仅加密算法可以公开,而且加密用的密钥也可以公开。但这并不意味着保密程度的降低,因为如果加密密钥和解密密钥不一样,则只需将解密密钥保密即可,这就是著名的公钥密码体制。若存在这样的公钥体制,就可以将加密密钥像电话簿一样公开。任何用户想用它给其他用户传送加密信息时,可以从这本密钥薄中查到该用户的公开密钥,用它来加密,而接收者能用只有他自己知道的解密密钥得到明文,任何第三者都不能获得这个明文。1978 年,由美国麻省理工学院的里维斯特、沙米尔和阿德曼提出了 RSA 公钥密码体制,它是第一个成熟的、迄今为止理论上最成功的公钥密码体制,它的安全性基于数论中的大整数因子分解。大整数因子分解是数论中的一个困难问题,至今没有有效的算法解决该问题,这使得该体制具有较高的保密性。

在现代密码学中,除了信息保密外,还有另一方面的要求,即信息安全体制还能抵抗对手的主动攻击。主动攻击是指攻击者可以在信息通道中注入他自己伪造的消息,以骗取合法接收者的相信。主动攻击既可能窜改信息,也可能冒名顶替发送者,这就产生了现代密码学中的认证体制。使用认证体制的目的是保证用户收到一个信息时,他能验证消息是否来自合法的发送者,同时还能验证该信息是否被篡改。在许多场合中,如电子汇款,能对抗主动攻击的认证体制甚至比信息保密还重要。

二、混沌密码的设计

混沌具有伪随机、各态经历、初值敏感等特征,这些特征与密码学中所要求的混淆、扩散等特征非常相似，使得将混沌用于密码算法成为可能。伪随机序列对密码算法具有重要的意义。一个安全的加密算法通常都需要使用具有伪随机特性的、良好的序列来对明文进行加密，混沌系统的伪随机特征正好能满足密码学的这一需求。我们可以从一个混沌系统的轨迹中提取伪随机特征比较好的序列来掩盖明文。密钥和明文的敏感依赖性也是一个安全的密码系统所必须具备的特征。混沌系统具有对初始条件和控制参数的敏感依赖性，我们可以利用这一特性来使密码系统具备密钥和明文敏感依赖性，增强密码系统的雪崩效益。因此，将混沌理论应用于密码学是非常必要的。混沌学与密码学的结合产生了混沌密码学。

混沌加密主要是利用混沌系统迭代产生一个序列，并将该序列作为加密变换的一个因子序列来使用。混沌加密依据混沌的自相似性，使得局部选取的混沌密钥集在分布形态上与整体密钥集相似。混沌系统对初始状态高度敏感，具有复杂的动力学行为，在分布上不符合概率统计学原理。混沌序列是一种拟随机的序列，结构复杂，可以提供具有良好的随机性、相关性和复杂性的拟随机序列，使混沌系统难以重构、分析和预测。事实上，混沌序列对解密防护非常重要，即使解密者已掌握产生混沌序列的方程，也难以猜测决定混沌序列的系数参数以及混沌序列的初始值。因为这些关键值来源于有理数域（尽管这些关键值是定义在实数域上，但是由于计算机存在舍入误差，实际上是在有理数域处理混沌加密序列）。在任一个区域上，有理数都是稠密的，因此单纯的猜测难以获得混沌序列的系数参数。

三、多媒体混沌保密通信系统的硬件实现技术

多媒体混沌保密通信系统的硬件实现技术包括模拟电路、现场可编程模拟阵列（FPAA）现场可编程门阵列（FPGA）、ARM（Advanced RISC Machines）处理器和数字信号处理（DSP）等。与数字系统相比，模拟电路不存在有限精度效应，是突破数字系统有限精度瓶颈的一种重要硬件实现手段。将模拟电路与FPAA相结合，可以进一步解决多媒体混沌保密通信系统的硬件实现问题。从实际工程应用的角度来看，多媒体混沌保密通信系统硬件实现与应用的真正价值体现在通用性、安全性、实时性和远程性等方面。为此，整个系统的硬件实现必须采用模块化通用

设计方法，将其划分为混沌生成模块、混沌密码算法模块、加密与解密模块、远程通信模块以及网络协议与传输模块等若干子模块来设计与实现。只能在近距离的局域网内实现混沌保密通信，使其实用价值受到了很大的限制，因此必须解决基于广域网传输的远程混沌保密通信的技术实现问题。在 FPGA、ARM、DSP 硬件平台上，可以很好地解决通用性和安全性在硬件实现中存在的相互制约问题。多媒体混沌保密通信系统的通用性是指在硬件实现时，不应只是局限于某种混沌密码算法，应吸纳和融合一些安全性能较好的混沌密码算法。但理论上设计出来的密码算法在硬件实现时，会受到硬件资源、硬件实现条件等因素限制。因此需要统筹兼顾各方面的因素，提出既能保证安全性又能硬件实现的优选方案。对于多媒体混沌保密通信系统的实时性问题，通常采用面向最基本逻辑单元或门电路操作的非嵌入式方法，并用硬件描述语言来实现相应的硬件功能。多媒体混沌保密通信系统的远程性体现在系统能实现任意两个终端之间的混沌保密通信。为此，需要采用面向处理器操作的嵌入式方法，解决远程通信模块、网络协议与传输模块的设计问题。从技术实现角度来看，实时性和远程性往往也是相互制约的两个方面，解决这一问题的切入点是采用 DSP＋ARM＋FPGA 等多位一体的硬件平台，DSP 主要负责算法，ARM 主要负责网络协议和传输，FPGA 主要负责解决面向最基本的逻辑单元或门电路的处理问题。采用多位一体的处理方式提高整个系统的实时性和远程性也有一定的难度，主要是需要解决交叉编译、协同工作以及相互通信等技术的实现问题。

在现有研究中，除少数文献给出了基于局域网传输的混沌保密通信系统的硬件实现结果外，绝大多数文献给出的研究结果主要是集中在发送端的加密部分，只强调混沌保密通信中的部分研究（如混沌序列的生成等），缺少对混沌保密通信系统的总体研究。特别是，包括摄像头及其数据采集、发送端、接收端和广域网传输四部分内的远程多媒体混沌保密通信系统的硬件实现研究结果，很少有具体的、详细的研究。

经过多年的努力，混沌密码理论与应用的研究虽然取得了长足进展，但要走向成熟和工程应用，还需解决以下几个重要问题：

(1)不少典型的混沌密码有待分析,以供混沌密码设计者参考。

(2)过去十年混沌密码分析与设计的经验有待总结,混沌密码设计原则和安全检测准则有待归纳。

(3)数字混沌退化程度的衡量尺度有待优化和完善。

(4)高维数字域混沌系统有待进一步研究,高维混沌系统与密码设计新算法有待融合,整个系统的安全性能还需进一步提高。

(5)针对手机、计算机、ARM、FPGA、DSP 等手持设备所需的不同应用业务,远程混沌保密通信的应用环境,DSP+ARM+FPGA 等多位一体的应用平台还需进行优化和融合;另外,还需在通用性、安全性、实时性、远程性四方面实现混沌密码的设计,使混沌密码走向实际应用。

众所周知,当混沌加密信号在没有经过检错或纠错信道传输的情况下,混沌同步难以实现,混沌保密通信的实际应用受到了很大的限制。但如果混沌加密信号通过以太网传输,情况将有所不同。现有研究主要是通过数值仿真研究混沌保密通信,对实际通过以太网传输混沌加密信号的通信硬件实现情况了解不多。为了解决这个问题,我们在前期的工作中,进行了大量的硬件实验。实验结果表明,在以太网采用传输控制协议(TCP)的情况下,能通过地址端口映射的方法实现广域网中任意两个终端之间的多媒体实时远程混沌保密通信。采用 TCP 实现远程传输时,在链路层对比特差错进行检错,在传输层则通过 TCP 实现检错重传的可靠性传输。因此,当发送端所发出的所有包通过以太网传输给接收端后,能够保证在接收端所收到的每个包都不会出错,并且能保证包与包之间顺序的正确性,因而不会影响到发送端混沌加密迭代与接收端混沌解密迭代之间的相对顺序,可实现自同步。需要特别注意的一个问题是,发送端和接收端之间的混沌同步并不一定要同时进行,只要保证发送端混沌加密迭代与接收端混沌解密迭代之间的相对顺序不受到影响,在密钥匹配的条件下,就能在接收端正确地解密出原始信息。在链路层对比特差错进行检错和在传输层通过 TCP 实现检错重传的可行性传输都需要一定时间,会产生通信延时。通信延时的大小与网络繁忙程度有关,当网络比较空闲时,通信延时很小;当网络比较繁忙时,数据可靠性传输的原因使得通信延时变大,以太网的传输速率变慢。大量的硬件实验结果表明,在广域网传输信息的情况下,由于网络繁忙时的通信延时比较大以及视频混沌加密的数据量很大,会影响到视频混沌保密通信的传输速率和实时性。但只要接收到数据包,可靠性传输就能保证它不会出错,且一定能够在接收端正确解密出数据包内的信息。此外,在网络繁忙的情况下,通常都不会影响到语音混沌保密通信的实时性,这是因为语音混沌保密通信的数据量比较小。对于局域网而言,通信延时则很小,视频和语音等多媒体混沌保密通信传输的速率和实时性均能得到很好的保证。

四、安全性能评估

(1)通过了常规的 NIST 测试。

(2)通过了较为严格的 TESTU01 测试。目前,只有极少数混沌系统能通过 TESTU01 的能通过高级测试套件。

(3)采用了取模和取整的方法截取混沌变量的低位(例如 64 个二进制整数位混沌信号中的低 8 位)传送。攻击者从公共信道截获的仅只是混沌信号的低位信息,而不是混沌信号的全部信息,大大减小了混沌信息通过公共信道传送时信息泄漏的风险。测试结果表明,通过公共信道传送的多个混沌加密信号之间的互相关性的大小控制在[0.0042,0.0049]范围内,互相关性的程度很小,能更好地抵御分割攻击。

(4)统计特性为均匀分布,密钥与密文不相关,能更好地抵御唯密文攻击。

(5)在两轮或两轮以上加密的情况下,计算得像素变化率(NPCR)为 99.61%,归一化平均变化强度(UACI)为 33.46%,则明文对密文具有雪崩效应。

五、总结

本次报告总结了混沌密码理论与应用的研究现状及存在的问题,重点讲述了混沌密码的基本理论及其在多媒体保密通信中的应用及硬件实现技术的若干进展,包括基本理论、设计方法、典型应用以及解决这些问题的基本思路等,目的在于推进国内外混沌密码理论及其应用的研究。混沌密码要走向实际应用,必须解决两个重要的问题：一是如何保证整个系统的安全性，二是如何获得硬件设计与实现的可行性。混沌密码的硬件设计与实现是多媒体混沌保密通信走向实际应用的一项重要研究工作，其科学意义体现在“实践是检验真理的标准”。经过严格密码分析检测的混沌密码是否具有实用性，在很大程度上取决于该混沌密码设计算法在硬件实现方面的实际可行性。硬件实现最终是检验混沌密码合理性的重要实验手段和事实依据。我们注意到，目前有关混沌密码的分析结果都是针对混沌密码最初提出的一些简单的1维或2维系统而言的。对于近年来更为一般的密码系统，例如无简并高维混沌密码系统等，已有的分析结果是否仍然成立？有待于人们进一步探索。正因如此，我们应该针对不同类型的系统作出客观的、实事求是的评估，而不能简单地得出从个别推广到一般的结论。此外，现有的混沌密码在理论上缺少安全性证明，这同样是人们今后需要解决的问题。

浅谈生活中的射频器件与研究

(2019 年 4 月 4 日)

王　勇*

一、基本原理与应用

当今社会,手机已成为人们不可缺少的一部分。我们的工作、娱乐、社交、购物以及学习等方面都与手机息息相关。对比各个国家人均手机使用的时间,虽然我国人均手机使用时间并不多,但我国人口基数大,发展不平衡,有些地区使用手机较少,而有些地区使用手机较多,因此并不具有很高的参考价值。以大学生为例,现在的大学生很多都离不开手机,有的甚至沉迷于手机小说、手机游戏,还有一些手机视频、社交软件等,每天玩手机的时间远远高于所统计的最高人均手机使用时间。作为学生,应当以学业为重,树立坚定的信念和态度,把时间放在学习上,同时还要加强体育锻炼。长时间玩手机,不仅会耽误学习,影响学习效率,而且还会对身体造成危害。

手机一般由电池、芯片、内存、手机摄像头以及各种传感器等零部件构成,其中最重要的就是芯片。手机功能的实现,离不开芯片。而在市场上,美国生产和制作

---

* 王勇,成都电子科技大学教授、博导。国家高层次人才青年专家,四川省人才计划引进人才,德国高性能微电子研究所(HP)客座教授,电子学会"嵌入式人工智能"专委会委员。曾在国际著名研究机构德国高性能微电子研究所 HA(独立 PI)、新加坡南洋理工大学、新加坡微电子研究院 IME A*STAR 从事科研工作近 10 年。主要研究射频、毫米波、太赫兹混合信号等的组件设计和系统级芯片设计,面向雷达系统、通信系统、毫米波太赫兹信号源、片上矢网、低功耗医学传感、工业传感器 MEMS 声波传感、硅基天线等。在射频模拟电路与系统等方向发表文章 40 余篇,获 IEEE 会议奖两项。

的芯片占据了绝大多数市场。随着中国科技的不断发展,国际市场上也出现了许多中国制造的芯片。我国芯片设计产业也在快速增长。2016 年,中国设计业全行业销售额达 1644.3 亿元,比 2015 年增长 24.1%,并首次超越封测业,成为我国集成电路产业链中比重最大的产业。芯片之于时代,就像砖瓦之于房屋一样重要。

在整个射频通信中,主要包含以下几种频率:传输频率、接收频率、中频和基带频率。基带频率是用来调制数据的信号频率。而真正的传输频率则比基带频率高很多,一般的频谱范围是500 MHz~38 GHz,数据信号也是在此频谱范围内进行传输的。一般来说,射频系统具有非常强大的传输调制信号的能力,即使在有干扰信号和阻断信号的情况下,射频系统也可以做到以最高的质量发送信号,以最好的灵敏度接收调制信号。阻断信号主要有两种:带内阻断信号和带外阻断信号。带内阻断信号分布在我们感兴趣的信号频谱之内,例如由相同的无线传输技术在其他终端产生的数据信号。带外阻断信号是指分布在信号频谱之外的无关信号,例如由其他无线传输技术产生的数据信号。对于无线通信而言,要实现射频接收功能,必须要过滤掉这两种阻断信号。一般而言,带外阻断信号可以被天线自带的滤波器过滤掉,而中频的存在使我们有机会在信号被混合到基带频率和做数字处理之前将带内阻断信号滤除。在发送端,中频常被用来滤除所有从基带转换到中频这个过程中可能产生的伪数据和噪声。

畜牧业的管理系统、汽车防盗和无钥匙开门系统、马拉松赛跑系统、自动停车场收费和车辆管理系统、自动加油系统、酒店门锁系统、门禁和安全管理系统以及智能物流管理系统等都用到了射频。对于高频率射频,我们可以用其代替 X 光等进行安检。最新的科学研究显示,WiFi 射频信号也可以实现安检功能,使用 WiFi 对袋子里的物品进行安全检测,检测结果比较理想时,危险物品的检测率能够达到 99%。高频率射频能够穿过衣物等,但是不能穿过水。因此,对于藏在衣物内的管制刀具、违禁物品等东西,能够进行准确的检测。

随着频率的增加,带宽也不断增加,能够识别的精度也越来越高。不同的频率在大气中的传播特性和吸收特性也不同,这是因为空气中不同的空气分子对于不同频率的射电吸收不同。低频适用于穿墙雷达,带宽不断增加,意味着分辨率不断提高。由于汽车雷达需要更加灵敏、适中的频率,因此中频适用于汽车雷达。高频的带宽大,数据下载速度快,信息下载比较方便。

二、项目介绍

1.硅基太赫兹源——四倍频器

倍频器(frequency multiplier)是输出信号频率等于输入信号频率整数倍的电路。输入频率为 f_1,则输出频率为 $f_0=nf_1$,其中 n 为任意正整数,被称为倍频次数。倍频器用途广泛,如发射机采用倍频器后可使主振器振荡在较低频率范围内,提高了频率稳定度;调频设备用倍频器来增大频率偏移;在相位键控通信机中,倍频器是载波恢复电路的一个重要组成单元。倍频器有多种方法实现倍频:①利用谐波倍频,即利用非线性电路产生高次谐波或者利用频率控制回路构成倍频器。②倍频器也可由一个压控振荡器和控制环路构成。压控振荡器的控制电路产生一个控制电压,使压控振荡器的振荡频率严格地锁定在输入频率 f_1 的倍乘值($f_0=nf_1$)上。③利用晶体管倍频。这种倍频器的电路与调谐放大器相似,但晶体管工作点通常置于伏安特性的截止区,输出回路则调谐在输入频率的 n 次谐波上。由于晶体管仅在输入电压正半周的部分时间内导通,其集电极电流是一个含有输入信号基频和各次谐波的脉动电流。利用调谐于 $f_0=nf_1$ 回路的选频作用,倍频器可以输出所需频率。为使输出信号幅度足够大,这种倍频器的倍频次数较低,一般 n 为 3~5,随着 n 逐渐增大输出幅度将显著减小。这种倍频器具有一定的功率增益。④利用混频器级联进行倍频。混频就是将信号频率由一个量值变换为另一个量值的过程。具有混频功能的电路称为“混频器”。混频器可以将天线上接收到的射频信号与本振产生的信号相乘。当混频的频率等于中频时,这个信号可以通过中频放大器放大后,进行峰值检波。检波后的信号被视频放大器进行放大,然后显示出来。由于本振电路的振荡频率会随时间变化,因此频谱分析仪在不同的时间接收的频率是不同的。上述几种倍频方法的理论效率的极限为 2.9%,但是实际芯片中的最高效率只有 1.1%。

毫米波太赫兹芯片研究的关键是信号源的产生，运用倍频器将低频源信号转换到高频是当前主要应用的方法。在学术上，四倍频器有三种实现方法，但效率都很低，理论效率的极限是 2.9%。在已报道的芯片中，四倍频器最高效率为 1.1%。这里创新使用第四种倍频实现方法，即“W”波形产生电路和 PPCP 倍频理论，通过“W”波形直接合成四倍频信号。PCPP 四倍频理论效率达到 50%，130 GHz样片的效率为 9%，比此前最高的工作效率提升近十倍，是国际上效率最高的四倍频器。其工作原理是利用三极管的导通，经过电容，从而产生了四倍频的效果。

2.片上雷达

汽车片上雷达是前十年学术和工业界追逐的研究焦点，然而在新型雷达传感领域，很少有片上雷达系统的研究。迄今为止，片上雷达的最大应用领域是汽车安全。雷达是大多数汽车中先进驾驶辅助系统(advanced driver-assistance systems，ADAS)的核心。自适应巡航控制、自动刹车、后备厢物体检测、盲点检测、变道辅助以及来车警告系统都采用了雷达技术。采用雷达的目的是减少驾驶员失误，从而减少车祸次数和伤亡人数。事实上，这些先进驾驶辅助系统非常有效，因此政府正在强制所有汽车安装先进驾驶辅助系统。而且，雷达对无人驾驶汽车的成功研制至关重要。它能辅助先进驾驶辅助系统中的摄像头、激光雷达(LiDAR)和超声波传感器检测周围的物体，并在车辆周围生成合成视图。雷达在恶劣天气条件下尤为有用，即使在雾、雪、雨和黑暗的环境中也能正常工作，不会因天气影响摄像头和激光雷达传感器工作。

合成孔径雷达片上系统克服了功耗、带宽、地面反射、高度变化、旁瓣幅度等难点，将其应用于无人机，促进了无人机的进一步发展。雷达传感器是无人机的探测，跟踪和特征识别的理想选择，它们日夜工作，可在各种天气条件下使用。雷达传感器能精确测量物体到无人机的距离，同时还可以确定物体的速度，这对于威胁评估以及无人机的必要干预都非常重要。合成孔径雷达片上系统是只有指尖大小的微型电路片，它实际上是一种集成的 Ku 波段调频连续波(FMCW)雷达收发器，由“啁啾”信号生成(chirp generation)，通信行业表示编码脉冲技术的术语、无线电发射机与接收机、解码处理与模拟数字转换装置等部分组成。雷达的孔径越大，分辨率越高。充分利用雷达与地面相对运动引起的多普勒频移,通过电子合成更大的天线从而获得更高的分辨率。将此片上雷达系统应用于无人机,实现基于微型无人机的智慧交通、农业/河流勘测、灾害预警、安检安防等领域。同时,我们可以制作基于人体活动、健康的传感雷达,应用于手势识别、智慧家居、智慧医疗等领域。雷达的测距和测速都是把物体想象成一个抽象的点,而真实的物体(如手掌)则可以认为是一堆三维点的集合体。因此,在反射波中已然蕴藏了许多个点的距离与速度信号。能同时呈现这些信息的方法叫作距离-多普勒映射(Range-Dopler Map),简称 RDM。RDM 可以认为是一张反射波的能量分布图或概率图,其横轴是速度,纵轴是距离。RDM 每一个单元的数值都代表了反射波从某个特定距离和特定速度的物体得到的反射波能量。仔细看的话,从 RDM 中可以窥见探测物体的特征、身形。基于 RDM 及时间序列,采用机器学习的方法识别特定的能量模式变化,进而识别人的手势及动作。但是,这种识别技术带宽和波长的限制,需要线性调频和单频连续波两种工作模式完成定位、动作识别、生理信号感测。

(1)合成孔径雷达(SAR)SoC 芯片是国际上第一块全集成 SAR 芯片,通过系统和模块电路创新,解决了 SUV 合成孔径雷达 SoC 芯片设计的关键点(包括从频综到低功耗、大带宽雷达信号源、提高分辨率),解决了地面反射以及飞行高度变化对雷达的影响,降低了旁瓣幅度,提高了成像对比度。

(2)人类活动和健康监测雷达 SoC 芯片延续了其他芯片的相关工作,重组了芯片系统构架,提高了带宽增强分辨率,并结合算法处理首次实现了利用单一工作模式(线性调频)对人体定位和对肢体活动、呼吸的感测。该雷达 SoC 芯片通过识别人体不同动作时的不同点,根据所得图像,进行神经网络的学习与算法的研究,进而得到准确的检测结果。

(3)毫米波太赫兹芯片包括－90～90 Degree 的 40 GHz 移相器,3 dBm 输出的 300 GHz 压控振荡器,300 GHz 端射八木片上天线。输入的本振信号(LO)为 70～400 GHz,输出的高频信号(RF)为 240～380 GHz 的超宽带谐波混频器,300 GHz圆极化相位阵列天线以及 300 GHz 片上雷系统。其中 300 GHz 片上雷系统发射机与接收机的频率为 280～350 GHz,发射功率为 2 dBm,天线增益为

4 dBi，输入信号频率为 40 GHz。

3.“模拟传感”芯片设计

随着科学技术的发展，特别是物联网的发展，对于芯片、接口等有了更高的要求，智能传感和物联网需要高性能、低成本的传感器和传感接口电路。但是，阻抗传感电路的速度慢、能耗高、面积开销大，导致开发成本高，难以大规模生产。谐振传感电路是利用谐振元件把被测参量转换为频率信号的传感器，又称为“频率式传感器”。当被测参量发生变化时，振动元件的固有振动频率随之改变，通过相应的测量电路，就可以得到与被测参量成一定关系的电信号。由于谐振传感电路无法用于不同频率、损耗的微机电系统（MEMS）谐振器，使得 MEMS 谐振器的通用性变差。同时 MEMS 谐振器存在较大误差，测量数据不够精确。

（1）阻抗传感电路

我们利用脉冲时间响应和方程参数求解两个基本数学原理，提出了新的阻容读取电路设计方法，使得测量能耗、测量速率等方面均有 1000 倍以上提升，芯片面积缩小 10 倍，是国际上第一个能够读取阻抗中所有器件参数的传感电路。

（2）谐振传感电路

我们提出了具有环路带宽可调、增益可调、泛音抑制的新型振荡器电路结构，并在《IEEE 微波和无线组件快报》（*IEEE MWCL*）上发表，是国际上第一个具有谐振器件适应性的振荡器芯片设计。此设计提高了声表面波 MEMS 谐振器件等效模型精度。

（3）温度补偿

经过实验，我们发现改变偏执电压可以改变变容二极管的不同温度漂移系数，并发现利用这种特性可以补偿 LC 振荡电路的温度漂移，可将电路的温度稳定性提高十余倍。由此设计出温度补偿压力传感电路，使电路的温度稳定性提高了五倍。

振动能量俘获研究及其应用前景

(2019年7月11日)

周生喜*

大量微型化、低功耗的传感器被应用到各种结构、设备、周围环境以及人体健康监测中,并在其中起着关键作用。这些传感系统的电池寿命有限、更换困难、成本较高,而且被使用过的电池存在环境污染等问题。因此,为探究传统电池的关键替代技术,振动能量俘获成为国际学术界多学科研究的热点。基于不同的环境振动特征,俘获的能量严重受限于周围环境振动特征。本报告结合作者近年来的研究工作,主要介绍振动能量俘获机理,能量俘获系统的设计、建模、分析和实验研究以及面向实际应用的设计和测试,旨在解决振动能量俘获领域的关键科学问题,推动该技术的实际工程应用。

---

* 周生喜,西北工业大学航空学院教授、博士生导师,西工大首批"翱翔海外学者引进计划入选者(A类)",曾获第一届陕西省振动工程学会青年科技奖,曾入选第四届中国科协青年人才托举工程。2014年至2016年,在美国密歇根大学安娜堡分校航空航天工程系博士生联合培养;2016年博士毕业于西安交通大学机械工程专业,2017年在美国弗吉尼亚理工大学NSF能量俘获材料与系统中心完成博士后研究。主要研究领域包括振动能量俘获、流体能量俘获、航空变形结构及其振动控制应用、压电机器人、可再生能源技术等,发表学术论文70多篇,其中包括《焦耳》(*Joule*)、《应用物理快报》(*Applied Physics Letters*)、《非线性动学》(*Nonlinear Dynamics*)、《应用能源》(*Applied Energy*)等国际权威期刊。发表的学术论文被引用1000多次,单篇最高被引189次,多篇入选ESI热点论文及ESI高被引论文,2篇论文得到了国际埃尼奖(Eni Award)的提名邀请,作为客座主编之一组织了《固体力学学报》"能量采集理论与器件力学设计"专刊,做邀请报告10余次。担任《纳米能源》(*Nano Energy*)、《应用物理快报》(*Applied Physics Letters*)、《智能材料与结构》(*Smart Materials and Structures*)、《应用能源》(*Applied Energy*)、《IEEE/ASME机电一体化会刊》(*IEEE/ASME Transactions on Mechatronics*)、《振动与冲击》等30余本中外期刊的审稿人。

一、研究背景

随着低功耗通信技术和微电子技术的迅速发展,可穿戴式和便携式的嵌入式健康监测设备、微型传感器、人体内医疗设备等开始出现。然而,由于此类设备大多依赖电池供电,因此需要定期更换电池来维持使用。寻求可靠的能量来源为这些设备供电,减少其对外部电池的依赖性成为该领域研究的重点,将人体运动产生的能量转换为电能的能量俘获技术也因此受到了越来越广泛的关注。近年来,国内外学者研究人体运动能量俘获的方法主要有电磁式、热电式和压电式等。压电式振动能量俘获装置因具有易于微型化、功率密度较高等特点,成了人体振动能量俘获技术研究的焦点。

压电振动能量俘获技术具备解决低功耗传感器持续供能问题的潜力,现有的基于共振原理的线性压电能量俘获系统的工作频带过窄,与周围环境振动频率匹配较差,俘获的能量严重受限于周围环境振动特征。为了解决这一问题,国内外学者开展了深入的压电振动能量俘获的非线性宽频理论与实验研究。近年来,压电式三稳态能量俘获系统在实验中被发现具有优异的动力学特性和能量俘获特征。然而,针对非对称三稳态能量俘获系统的研究却非常少。

同样,对于面向航空航天、能源制造、冶金和石化等领域关键设备的嵌入式健康监测技术也得到了国际工程界和学术界的广泛关注。传统的健康监测电池供能技术存在维护成本高、易污染等缺点,已经无法适应嵌入式健康监测系统的需求。并且,该系统还需要长期工作在宽频的随机激励环境下。旋转磁耦合的非线性振动能量俘获系统,具有较宽的工作频带,逐渐成为研究热点。非线性动力学数值分析表明:磁场的旋转可以改变能量俘获器的动力学特征,进而拓宽振动能量俘获频带,提高对环境振动的适应性;相对于使用磁体的横向移动的拓频方法,通过磁场旋转拓宽频带的方法具有较小的物理空间需求,更适用于嵌入式健康监测系统的长期供能应用。

二、旋转式磁耦合的非线性能量俘获方法

几十年来,风力涡轮机、汽车轮胎或旋转门等旋转设备的无线传感器的发展为

能量俘获提供了大量的应用环境，为低功率传感器提供了可持续的电能，引起了越来越多的关注。压电式换能器因其高能量密度和易于小型化的特点而成为旋转设备的无线传感器的首选。

当前，首先需要实现宽频振动能量俘获；其次，需要解决非线性能量俘获结构所占物理空间过大、动力学机理未被完全揭示的问题。

我们研究的旋转式磁耦合的非线性能量俘获方法主要有以下几点创新内容：①提出了旋转式非线性能量俘获结构；②基于哈密顿原理和实验测量方法建立了动力学模型；③实现了宽频带的数值仿真和实验验证；④加强了能量俘获效率的非线性分析。

我和我的团队研发了旋转式磁耦合的宽频作用机制，提出了旋转式磁耦合的非线性能量俘获设计、建模和分析方法，实现了 4～22 Hz范围内的宽频振动能量俘获特性。基于该方法得到了非线性单/双/三/多稳态能量俘获系统，为振动能量俘获提供了新的思路。同时，研发了非线性能量俘获系统，基于扰动法可以理论上实现多解区的高能轨道运动的机制。该研究成果得到了英国皇家工程院院士、加拿大皇家科学院院士、加拿大工程院院士等多名知名学者的积极评价。

三、宽频带多稳态能量俘获机理

环境振动能源丰富，包括电机、机床、船舶、人体运动、水流、海浪、风等振动产生的能量。振动能量可以通过压电效应或电磁效应等转化为电能，有望解决无线传感器长期自供电这一挑战性难题。在早期，基于线性共振的不同类型的振动能量俘获器被用于从环境振动中产生电能，通过推导出线性能量俘获器的理论模型，可以预测其动态特性，优化能量俘获效率。由于大多数环境振动具有宽带特性，这些线性假设在实际应用中存在不足。为解决这一技术难题，国内外研究人员对非线性振动能量俘获寄予厚望，希望通过主动或自适应策略来扩大能量俘获器的工作频率范围。为了实现宽带能量俘获，研究者提出了许多解决方案，包括非线性单稳、双稳和三稳态俘获机理。

当前，非线性振动能量俘获领域存在的主要问题为：当环境振动强度较低时，非线性单/双稳态能量俘获系统难以跨越势垒的束缚，无法实现高能轨道运动，导致振动能量俘获效率较低。因此，如何提高在低激励水平下的振动俘获效率成为了该领域内的一个难题。

我们的主要工作在于揭示了三/多稳态能量俘获器的非线性动力学机理，提高了不同激励条件下的发电性能，推导出了三/多稳态能量俘获器的统一谐波平衡解及其判断解的稳定性的雅可比矩阵。研究发现，在适当的激励频率和振幅下，三稳态能量俘获器有 7 个解析解(4 种是稳定解)，并利用吸引域对其进行了数值验证，分析了势垒、不对称性对能量俘获效率的影响。结果表明，势垒是决定势阱间轨道高度的关键因素，影响着输出电压幅值。不对称性对三稳态能量俘获器的影响实质是改变其势阱深度，调整其势能分布。通过改变不稳定平衡位置，我们可以得到具有不同动力特性的三稳态能量俘获器，有利于不同激励条件下的能量俘获。

四、基于碰撞原理的高能轨道实现方法

在低激发水平下，双稳态能量俘获器不能逃脱势垒的束缚，只能在势阱内小振幅运动。同样，三稳态能量俘获器在极低的激励水平下也无法在势阱间运动，进而不能产生较大的输出电压。因此，缺少一种有效的方法来引导这类非线性能量俘获器在低激励水平下进入大振幅势阱间运动。

因此，我们提出了基于碰撞原理的非线性能量俘获系统的高能轨道实现方法。该方法基于碰撞原理和动量守恒定律，给出了描述初始碰撞时系统响应的非线性动力学方程。数值和实验结果表明，双稳态和三稳态能够在宽频率范围内维持大振幅的势阱间振荡，并在初始碰撞时就能实现高能量轨道运动。该方法可以提高能量俘获器在低频环境中的能量俘获效率，解决了非线性能量俘获系统高能轨道运动不易实现的难题。同时，该方法还可使非线性单/双/三稳态能量俘获系统的输出功率面积分别提高到无碰撞时的 21.20 倍、12.22 倍和 5.31 倍，极大地提高振动能量俘获效率。该方法为非线性能量俘获领域提供了基于主动控制策略的研究思路，美国、爱尔兰、法国等国家的学者进行了跟踪研究，并得到了欧洲科学院终身院士等在内的知名学者正面引用和积极评价。

五、面向实用化的能量俘获设计、建模和测试

为了得到更实用的振动能俘获系统，我与合作团队设计了二维柔性 zigzag 能量俘获结构、大功率能量俘获地砖等产品，并进行了面向实用化的能量俘获结构设计、建模和测试研究。

该 zigzag 结构由正交梁组成，可以用于低频、多方向振动能量俘获。我们以欧拉-伯努利梁理论为基础，并基于局部坐标系建模法、假设的连续性边界条件和欧拉-伯努利定理等，建立了 zigzag 结构的理论模型。自由振动分析表明，通过增加梁的数量或梁的长度，可以获得较低的工作频率。我们利用 ANSYS 进行了有限元分析，验证了所建立的理论模型的准确性。结果表明，通过改变梁的数量，就可以调整 zigzag 结构的输出电压和工作频率，并且该结构具有更广的应用范围和更强的环境鲁棒性，可进一步用于设计微能源和压电超结构。

六、结论与展望

振动能量俘获的研究符合《国家中长期科学和技术发展规划纲要》重点领域能源——可再生能源低成本规模化开发利用。振动能量俘获可以应用于生物、工业等领域，具备解决一些关键工程问题的潜力，例如嵌入式传感器自供电以及关键结构的减振降噪。拥有巨大的市场，以能量采集（Energy Harvesting）为例，IDTechEx 能量采集报告指出 2017 年度该领域全球市场达到 15 亿美元，包括消费电子产品、机械手表、医疗设备等。

该领域的潜在应用及前沿研究包括流体能量俘获技术——颤振、驰振、涡激、湍流能量俘获机理，大功率漂浮式发电平台（MW 级别），远洋浮标和深海监控传感器的自供电装置，基于仿生原理的俘能-驱动系统，自供能压电机器人等。

关于 Erdös-Ko-Rado 定理

（2019 年 6 月 8 日）

王 军*

一、Erdös-Ko-Rado 定理（简称 EKR 定理）

在组合数学中常用$\binom{X}{k}$表示有限集 X 的所有 k 元子集的集合，又称“子集族”，一个 n 个元素的集合常用$[n]=\{1,2,\cdots,n\}$来表示。用 1961 年保罗·爱尔特希(Paul Erdös)、柯召(Ko)和拉多(T. Rado)给出如下结果：

定理 1.1 设 $n\geqslant 2k$.如果$\mathcal{A}$是$\binom{[n]}{k}$中的一个交族，那么

$$|\mathcal{A}|\leqslant\binom{n-1}{k-1}$$

并且当 $n>2k$ 时，等式成立当且仅当$\mathcal{A}$的每个子集包含$[n]$的一个固定元素。

这就是著名的 Erdös-Ko-Rado 定理，简称“EKR 定理”。这个定理一经发表就引起人们极大的关注，是 Erdös 发表的所有论文中最受关注的论文之一。正如著名数学家弗兰克尔(A. H. Frankl)和希格曼(G. Higman)所说，这是组合数学的核心成果，它为极值集理论的迅速发展开辟了道路。

这个定理提供了一个范围非常广泛的极值问题的模型：设 p 是有限集 V 上的

---

* 王军，上海师范大学教授、博导，曾任中国数学会组合与图论专业委员会副主任(2006～2018 年)。主要的研究领域是“组合数学”，包括组合分析、组合计数、有限集和有限偏序集上的组合、字上的组合等。曾多次参加或主持国家自然科学基金项目和省部级项目。曾被选为辽宁省中青年学科带头人、辽宁省百千万人才工程百人层次人选并享受国务院政府特殊津贴。

对称且自反的二元关系，求 V 中两两具有这个关系的子集阶数的上界，并刻画达到上界的子集的结构。这就是关于 (V,p) 的 EKR 问题，该问题的答案就是相应的 EKR 定理。基于原始 EKR 定理，人们通常把 V 中两两具有关系 p 的子集成为一个交族。如果将 V 中不具有关系 p 的两个元素连一条边，就得到一个简单图 $G=(V,\bar{p})$，关于 $(V,\bar{p})$ 的 EKR 定理其实就是确定图 $G=(V,\bar{p})$ 的独立数 $\alpha(G)$ 以及最大独立集的结构。原始的 EKR 定理对应的图就是我们熟知的 Kneser 图 $K(n,k)$。

设 $\mathbb{F}_q$ 表示 q 元有限域，$V_n=\mathbb{F}_q^n$ 为 $\mathbb{F}_q$ 上的 n-维向量空间，$\begin{bmatrix}V_n\\k\end{bmatrix}$ 表示 V_n 的所有 k-维子空间的集合，有时也用 L_k^n 表示。这时用 $L_k^n[C]$ 表示 L_k^n 中包含 C 的子空间族。$L_n(q)$ 表示 V_n 的所有子空间按照包含关系构成的格，称为子空间格或线性格。

$$|L_k^n|=\begin{bmatrix}n\\k\end{bmatrix}=\prod_{i=0}^{k-1}\frac{[n-i]q}{[k-i]q}$$

其中，$[X]_q=\dfrac{q^X-1}{q-1}$，X 为实数。

如果 $\dim(A\cap B)\geqslant t$，两个子空间 A,B 称为 t-交的。一个子空间族 $\mathcal{F}$ 称为 t-交的，简称 t-交族。如果其中任意两个子空间是 t-交的，则 1-交族简称交族。

以 $\begin{bmatrix}V_n\\k\end{bmatrix}$ 为顶点集，将其中交为 0 的子空间连边，得到的图称为 q-Kneser 图，记为 $qK(n,k)$。

定理 1.2　有限向量空间的 EKR 定理

(1)假设 $n\geqslant 2k$。如果 $\mathcal{F}$ 是 $\begin{bmatrix}V_n\\k\end{bmatrix}$ 的一个交族，那么

$$|\mathcal{F}|\leqslant\begin{bmatrix}n-1\\k-1\end{bmatrix}_q$$

并且当 $n>2k$ 时，等式成立当且仅当 $\mathcal{F}$ 的每个子空间都包含一个固定的非零向量。

(2)假设 $n\geqslant 2k-t$。如果 $\mathcal{F}$ 是在 $\begin{bmatrix}V_n\\k\end{bmatrix}$ 中的一个 t-交族，那么

$$|\mathcal{F}|\leqslant\max\left\{\begin{bmatrix}n-t\\k-t\end{bmatrix},\begin{bmatrix}2k-t\\k\end{bmatrix}\right\}$$

等式成立的充要条件是 $\mathcal{F}$ 的每个子空间都包含一个公共 t-子空间或 $\mathcal{F}=\begin{bmatrix}W\\k\end{bmatrix}$ 其中

$\dim(W)=2k-t$。

设 G 是 Ω 上的置换群，称 G 两个元素是 t-交的，如果他们在 Ω 中 t 个元素上的作用是相同的，称 G 的一个子集 F 为 t-交族，如果其中任意两个元素是 t-交的，则 1-交族简称交族。

由 1-交关系确定的图，即 G 中所有混乱排列生成的凯莱图（Cayley 图），通常称为群 G 的“错乱图”。

对于任意给定的置换群 G 得到其 EKR 定理看起来是不可能的，因此我们考虑其中的传递置换群，并注意到群中的一个点的稳定子群的陪集是一个交族；如果 Ω 中一个点的稳定子群的陪集是 G 的最大交族，则称置换群 G 具有 EKR 性质；如果 G 的任一最大交族是 Ω 中一个点的稳定子群的陪集，则称置换群 G 具有严格 EKR 性质。

在很多情况下我们可以证明一个置换群具有 EKR 性质，却证明不了它具有严格 EKR 性质。具有 EKR 性质的置换群通常具有较丰富的组合结构，例如：S_n 表示 $[n]$ 上的对称群；$G_{\mathrm{L}}(n,q)$ 和 $S_{\mathrm{L}}(n,q)$ 分别表示 n 级一般线性群和特殊线性群，均可以看作是 V_n 中非零向量上的置换群；$P_{\mathrm{GL}}(n,q)$ 和 $P_{\mathrm{SL}}(n,q)$ 分别表示 n 级射影一般线性群和射影特殊线性群，均可以看作是 V_n 子空间上的置换群。

定理 1.3　对称群的 EKR 定理

如果 $\mathcal{A}$ 是 S_n 中的一个交族，那么

$$|\mathcal{A}|\leqslant(n-1)!$$

当且仅当 $\mathcal{A}$ 是一个点的稳定子群的陪集时，等式成立。

其他被证明具有 EKR 性质的置换群有：$P_{\mathrm{GL}}(2,q)$、$P_{\mathrm{GL}}(3,q)$、$P_{\mathrm{SL}}(2,q)$、B 型和 D 型有限反射群（Coxeter 群）以及一些 2-传递群。$P_{\mathrm{GL}}(n,q)$（其中 $n>3$）中最大交族的结构问题曾是这个领域中最受关注的问题之一，目前已经解决。

置换群上的 EKR 问题可以自然地推广到一般群的作用上。在组合的意义下，只需要考虑传递作用，即等价于这个群在其子群的陪集上作用。

穆罕默德·巴尔德斯塔尼（Mohammad Bardestani）等认为，如果对 G 的每个

子群 H，G 在 G/H 上的作用具有 EKR 性质，则称群 G 具有 EKR 性质。他们证明：每个幂零群具有 EKR 性质，具有 EKR 性质的群是可解的。

二、EKR 定理的起源及相关问题

EKR 定理来自有限集上的组合中的另一个著名定理。

定理 2.1　施配纳（Sperner）定理

令 $\mathcal{F}$ 为 $[n]=\{1,2,\cdots,n\}$ 的子集的集合，使得 $\mathcal{F}$ 中的任何集合都不包含其他子集（即反链），那么 $|\mathcal{F}|\leqslant\binom{n}{n/2}$。

在 Erdös，Ko 和 Rado 的原始论文中 EKR 定理是这样叙述的：如果 $\mathcal{A}\subseteq\bigcup_{i=1}^{k}\binom{[n]}{i}$ 是一个相交反链，则当 $n\geqslant 2k$ 时，有

$$|\mathcal{A}|\leqslant\binom{n-1}{k-1}$$

并且当 $n>2k$ 时，等式成立当且仅当 $\mathcal{A}$ 的每个子集包含 $[n]$ 的一个固定元素。由此可以看出原始的 EKR 定理是作为 Sperner 定理的推广而出现的.经过罗塔（Rota）等著名组合数学家的工作，Sperner 定理已经发展成关于有限偏序集的链与反链关系的一个系统而优美的理论——Sperner 理论。其中引进的概念（如偏序集的正规匹配性质、LYM 性质）以及方法（代数方法、几何方法及优化方法等）对 EKR 问题的研究提供借鉴。

定理 2.3　LYM 不等式

如果 $\mathcal{F}$ 是 $[n]$ 子集的反链，则

$$\sum_{k=1}^{n}\frac{f_k}{\binom{n}{k}}\leqslant 1$$

式中，f_k 代表 k-子集在 $\mathcal{F}$ 中的数量。

由于卢贝尔（Lubell，1966），山本（Yamamoto，1954）和梅斯查尔金（Meschalkin，1963）曾独立地研究过这种类型的不等式，所以定理中的不等式称为 LYM 不等式。这个不等式包含 Sperner 定理，其中的一个证明可以逐字逐句平移到线性空

间上。

定理 2.4　交族的 LYM 不等式

如果$\mathcal{F}$是$[n]$子集的相交反链，则

$$\sum_{k\leqslant 1}\frac{f_k}{\binom{n-1}{k-1}}\leqslant 1$$

其中 $k\leqslant n/2$，f_k 表示 k-子集在$\mathcal{F}$中的数量。

这个不等式包含 EKR 定理，但是对线性空间的模拟却要困难得多。

定理 2.5　希尔顿（Hilton）定理

设$\mathcal{A}_1,\mathcal{A}_2,\ldots,\mathcal{A}_m$为$[n]$的 k 元素子集的交叉相交族，其中$\mathcal{A}_1\neq\varnothing$，即对于任何$A_i\in A_i$和$A_j\in A_j$，$i\neq j$，$A_i\cap A_j\neq\varnothing$。如果 $k\leqslant n/2$，则

$$\sum_{i=1}^{m}|\mathcal{A}_i|\leqslant\begin{cases}\binom{n}{k}, & \text{如果 } m\leqslant\dfrac{n}{k}\\ m\binom{n-1}{k-1}, & \text{如果 } m\geqslant\dfrac{n}{k}\end{cases}$$

除非 $m=2=n/k$，当且仅当以下条件之一成立时，才能达到界限：

(1)$m<n/k$，并且$\mathcal{A}_1=\binom{[n]}{k}$，同时$\mathcal{A}_2=\cdots=\mathcal{A}_m=\varnothing$。

(2)$p>n/k$，并且$|\mathcal{A}_1|=|\mathcal{A}_2|=\cdots=|\mathcal{A}_m|=\binom{n-1}{k-1}$。

(3)$p=n/k$，并且$\mathcal{A}_1,\mathcal{A}_2,\cdots,\mathcal{A}_m$同满足(1)或(2)。

Hilton 定理的如下推广：设 G 是一个图，称一个族$\{\mathcal{A}_1,\mathcal{A}_2,\cdots,\mathcal{A}_m\}\subseteq 2^{v(G)}$是交叉独立的，如果 $a\not\sim b$，对任何 $a\in A_i$，$b\in A_j$，其中 $i\neq j$，则有

$$\alpha_m(G)=\max\{\sum_{i=1}^{m}|A_i|:\{\mathcal{A}_1,\mathcal{A}_2,\cdots,\mathcal{A}_m\}\text{是一个交叉独立族}\}$$

特别地，令$\alpha_1(G)=\alpha(G)$。

定理 2.6　Hilton 定理的推广

令 G 为在Γ的作用下连通的顶点传递图，并令$\{\mathcal{A}_1,\mathcal{A}_2,\cdots,\mathcal{A}_m\}$是 G 中的一个交叉独立族，且$A_1\neq\varnothing$，则

$$\sum_{i=1}^{m}|A_i|\leqslant\begin{cases}|G|, & \text{如果 } m\leqslant\dfrac{|G|}{\alpha(G)}\\ m\alpha(G), & \text{如果 } m\geqslant\dfrac{|G|}{\alpha(G)}\end{cases}$$

等式成立当且仅当以下条件之一成立：

(1)$m<\dfrac{|G|}{\alpha(G)}$，并且$A_1=X, A_2=\cdots=A_m=\varnothing$。

(2)$m>\dfrac{|G|}{\alpha(G)}$，并且$A_1=X, A_2=\cdots=A_m=I\in I(G)$。

(3)$m=\dfrac{|G|}{\alpha(G)}$，并且$A_1, A_2, \cdots, A_m$与(1)或(2)中的一样，或者非本原 p 子集A使得$A\subseteq A_i, i=1,2,\cdots,m$，$\{A_1^i, A_2^i, \cdots, A_m^i\}$是一个交叉独立族，$\overline{N}[A]$的一个分区，其中$A_i'=A_i-A, i=1,2,\cdots,m$。

三、EKR 定理的证明方法

在 Erdös，Ko 和 Rado 的原始论文中采用的是“shift 算子”方法，尽管该方法有较大的局限性，但仍不失为一个精巧且强有力的方法。这里我们介绍另外两种颇具启发性的方法。

1.卡托纳(Katona)的圈序方法

设$\sigma=(X_1,\cdots,X_n)$是$[n]$的任意一个循环排列。我们知道这样的循环排列共有$(n-1)!$个。σ中k个相连的元素称为σ的一个k-区间，显然σ中包含n个k-区间，记为$[\sigma]$，其中的k-区间依次记为

$$[X_1,\cdots,X_k],[X_2,\cdots,X_{k+1}],\cdots,[X_n,X_1\cdots,X_{k-1}]$$

按照这个次序，当$n>2k$时，当且仅当它们之间的间隔(按循环计)不超过$k-1$，两个区间是相交的，因此$[\sigma]$中的交族最多包含k个区间。即$\dfrac{\alpha([\sigma])}{|[\sigma]|}=\dfrac{k}{n}$。

对于$A\in\binom{[n]}{k}$，$A\in[\sigma]$意味着A是$[\sigma]$中k-区间代表的集合。因此，如果$\mathcal{F}$为$\binom{[n]}{k}$$(n>2k)$中的交族，则$|\mathcal{F}\cap[\sigma]|\leqslant k$。对于每个$A\in\mathcal{F}$，有$k!(n-$

$k)!$ 个 σ 使得 $A\in[\sigma]$。定义

$$X(A,\sigma)=\begin{cases}1, & \text{如果 } A\in[\sigma]\\ 0, & \text{其他}\end{cases}$$

用两种方法计算和式：

$$\sum_{A\in\mathcal{F}}\sum_{\sigma}X\ (\mathrm{A},\sigma)=\sum_{A\in\mathcal{F}}k!\ (n-k)!\ =|\mathcal{F}|k!\ (n-k)!$$

$$=\sum_{\sigma}\sum_{A\in[\sigma]}X\ (\mathrm{A},\sigma)=\sum_{\sigma}k\leqslant k(n-1)!$$

$$\Rightarrow|\mathcal{F}|\leqslant\frac{(n-1)!\ k}{k!\ (n-k)!}=\binom{n-1}{k-1}$$

2.克莱特曼-格林(Kleitman-Green)对线性格的应用

设$\mathbb{F}_{q^n}$是个q^n元有限域，则它是$\mathbb{F}_q$上的n-维线性空间，$\mathbb{F}_{q^n}^*$表示其中的非零元素，这是一个q^n-1阶循环群。设$k|n$，则$\mathbb{F}_{q^n}$中存在一个q^k阶子域，记为$\mathbb{F}_{q^k}$，则$\mathbb{F}_{q^k}^*$是$\mathbb{F}_{q^n}^*$的q^k-1阶子群，令C表示这个子群在$\mathbb{F}_{q^n}^*$中的陪集的集合。则C中的每个陪集加上0都是一个k-子空间，且两两相交为0。注意$|C|=\dfrac{q^n-1}{q^k-1}=\dfrac{[n]_q}{[k]_q}$，所以$C$的独立率为$\dfrac{1}{|C|}=\dfrac{[k]_q}{[n]_q}$；$C$就相当于子集族中循环排列$(1,\cdots,n)$的作用一样，然后利用所有的可逆变换作用$C$就得到空间的“圈分解”。

3.非同态引理

在“圈序”证明中要求原图和子图(圈)的独立率相等，艾伯森(Albertson, M. O.)和柯林斯(Collins, K. L.)推广了这个结果，得到所谓的“非同态引理”。

令G和H为两个图，使得G是顶点可传递的，存在一个同构$\varphi:H\to G$。然后$\dfrac{\alpha(G)}{|V(G)|}\leqslant\dfrac{\alpha(H)}{|V(H)|}$，并且当且仅当对每个$I\in I(G)$，$\varphi^{-1}(I)\in I(H)$成立。在这里，$I(G)$是$G$的最大独立集的集合。这个结果有很多变形，可以各自独立得到的。

4.非同态引理的卡梅伦-库(Cameron-Ku)版本

令G为顶点传递图，B为$V(G)$的子集。那么G中的任何独立集S都满足$\dfrac{|S|}{|V(G)|}\leqslant\dfrac{\alpha(G[B])}{|B|}$，相等意味着$|S\cap B|=\alpha(G[B])$。如果$B$是一个集合，则

$\alpha(G[B])=1$，则有$|S||B|\leqslant|V(G)|$。如果等式成立，则S是最大的独立集，B是最大集。一般地，有点传递图G的界限为

$$\alpha(G)\omega(G)\leqslant|V(G)|$$

式中，$\omega(G)$表示G的集合数量。

这个过程可以平行到一般线性群$GL(V_n)$或射影到一般线性群$P_{GL}(V_n)$。$P_{GL}(V_n)$可以看作V_n中$[n]_q=\dfrac{q^n-1}{q-1}$个一维子空间上的置换群，$|P_{GL}(V_n)|=\dfrac{(q^n-1)(q^n-q)\cdots(q^n-q^{n-1})}{q-1}$，其中点稳定子群的阶为

$$\frac{(q^n-1)(q^n-q)\cdots(q^n-q^{n-1})}{(q-1)}=\frac{|P_{GL}(V_n)|}{[n]_q}$$

在相应的错乱的Cayley图中找一个阶数为$[n]_q$的集合：取$V_n=\mathbb{F}_{q^n}$，则其中的一维子空间是商群$\mathbb{F}_{q^n}^*/\mathbb{F}_q^*$中的元素生成的。对于每个$\alpha\in\mathbb{F}_{q^n}^*/\mathbb{F}_q^*$，定义数乘变换为$\alpha:\dfrac{\mathbb{F}_{q^n}}{\mathbb{F}_q}\to\dfrac{\mathbb{F}_{q^n}}{\mathbb{F}_q}$，$\alpha(x)=\alpha x$，则$\alpha\in P_{GL}(V_n)$并且它们的全体构成一个集合。

5.非同态引理的张华军版本

设G是一个简单图，$I(G)$是G的最大独立集的集合，$N_G(A)$是$A\subseteq V(G)$的邻域，$N_G[A]=A\cup N_G(A)$。如果G是顶点传递图，则

$$\frac{|A|}{|N_G[A]|}\leqslant\frac{\alpha(G)}{|G|}$$

对于G的每个独立集合A都成立。等式意味着对于每个$S\in I(G)$，$|S\cap N_G[A]|=|A|$成立。

G的独立集A被称为非本原的，如果$|A|<\alpha(G)$并且$\dfrac{|A|}{|N[A]|}=\dfrac{\alpha(G)}{|V(G)|}$。如果图$G$具有非本原的独立集合，则它称为IS-非本原（独立集-非本原）。在其他情况下，G被称为IS-本原。

令G为顶点传递的IS-非本原图，A为G的最大非本原独立集。然后，作为$V(G)$的置换组，$A_{ut}(G)$是非本原的，而$B=V(G)\setminus N_G[A]$是一个非本原块。换一种说法，$\{\sigma(B):\sigma\in A_{ut}(G)\}$组成了$V(G)$的一部分。

设G是一个图，S是G的一个极大(不一定最大)独立集，则$|V(G)|=|S|+|N(S)|$，这说明最大独立集一定有最小邻域。

6.克鲁斯卡尔-卡托纳(Kruskal-Katona)定理

设$\mathcal{A}\subseteq\binom{[n]}{k}$，克鲁斯卡尔(J. B. Kruskal)和卡托纳(G. O. H. Katona)分别独立地给出$\partial(\mathcal{A})$的精确下界，其中

$$\partial(\mathcal{A})=\{B\in\binom{[n]}{k-1}:B\subset A \text{ forsome } A\in\mathcal{A}\}$$

这就是著名的 Kruskal-Katona 定理。

对于$\mathcal{A}\subseteq\binom{[n]}{k}$，设$\bar{\mathcal{A}}=\{[\mathrm{n}]\backslash A:A\in\mathcal{A}\}\subseteq\binom{[n]}{n-k}$。则$\mathcal{A}$在 Kneser 图$K(n,k)$中的邻域为$\partial^{n-2k}(\bar{\mathcal{A}})$。这种对$\bar{\mathcal{A}}$取$\partial$的结果有人称为 co-Kruskal-Katona 定理，在这里显然与 Kruskal-Katona 定理是等价的，其本质是刻画了$K(n,k)$具有最小邻域的点集。戴金(Daykin)注意到 co-Kruskal-Katona 定理包含了原始的 EKR 定理，这就是所谓的 EKR 定理的 Daykin 证明。设 G 是一个简单图，给定一个集合$W\subseteq V(G)$，定义$\mathcal{H}_G(W)=\{A\subseteq W:|N_G(B)|>|N_G(A)| \text{ for all } B\subseteq W \text{ with } |B|>|A|\}$。图$G$的 co-Kruskal-Katona 问题即刻画$\mathcal{H}_G(W)$。从定义出发，我们有如下观察：对于任意$A\subseteq V(G)$，存在唯一的点集A^*使得$A\subseteq A^*$而且$N_G(\mathrm{A}^*)=N_G(A)$。如果$A=A^*$，点集$A\subseteq V(G)$为饱和的。显然$\mathcal{H}_G(W)$中的点集都是饱和的。

四、总结

我认为上述几种方法是证明各种 EKR 问题的有效方法，很长时间以来我们在研究图$q_K(n,k)$的 co-Kruskal-Katona 定理。对称群S_n的错乱图也有初步结果，我们还希望能得到$P_{GL}(n,q)$的错乱图的 co-Kruskal-Katona 定理，从而给出解决 EKR 问题的一个系统方法。

如何应对可再生能源带来的挑战：分布式电站与储能

(2017年10月25日)

刘太楷*

一、背景简介

第二次工业革命以来，人类的社会活动能力有着极大的提升。这大大方便了我们的生活，也提高了我们的效率。与此同时，人类排放的温室气体也呈指数级别上升，这带来了全球平均气温的上升，因此人类遭受的自然灾害也越来越频繁。据报道，2003年5月、6月和7月，欧洲16个国家总死亡人数比1998～2002年同一时期的死亡人数增加了70000人。[①] 8月份的死亡人数与之相比基本持平。这说明夏天的极端天气是致人死亡的主要原因。同时，气温的升高还能诱发各种疾病。有研究指出，20世纪90年代期间我国1月平均气温比60年代期间1月平均气温高0.96 ℃。因为1月是钉螺生存至关重要的月份，所以可以用来衡量血吸虫的发

---

* 刘太楷，2007年取得上海大学材料工程学士学位，2010年取得上海大学工学硕士，并于2014年3月取得法国贝尔福-蒙贝利亚技术大学工学博士学位，主攻等离子喷涂工艺优化、模糊逻辑控制及神经网络算法；2014年至2016年在德国宇航中心热工程研究所攻读博士后，主要研究等离子喷涂在固体氧化物燃料电池和碱式电解电池中的应用；2016年至今，任职于德国宇航中心，负责等离子喷涂工艺开发，主要应用有高温燃料电池、碱式电解水、氢分离膜、热-电电池、质子交换膜等。

① Robine, J. M., Cheung, Siu Lan K., Le Roy, S., Van Oyen, H., Griffiths, C., Michel, J.-P. & Herrmann, F. R., "Death toll exceeded 70000 in Europe during the summer of 2003", *C. R. Biologies*, Vol. 331, No. 2 (2008), pp.171-178.

生概率。0.96 ℃的升温在地图上直接导致 0～1 ℃等温线南移：从北纬 33°15′移到了北纬 33°41′，覆盖了相当于 4.2 万平方公里的国土范围。这意味着有两千万国民有较高可能性感染血吸虫病。①

为应对全球气候变暖，全球主要国家都赞同减少温室气体的排放。2015 年 12 月 12 日，联合国 193 个成员国在气候峰会中通过了《巴黎协定》。《巴黎协定》确定了在 21 世纪结束前把全球平均气温升幅控制在工业革命前水平以上2 ℃之内的目标，并努力将气温升幅限制在工业化前水平以上1.5 ℃之内，希望以此来减少气候变化的风险和影响。《巴黎协定》还明确了要提高适应气候变化不利影响的能力，并以不威胁粮食生产的方式增强气候抗御力和温室气体低排放发展，使资金流动符合温室气体低排放和气候适应型发展的路径。

可再生能源是目前最可行的应对气候变化的工具。目前，各个国家都在大力发展基于太阳能、风能、水能、生物能、潮汐能等能源的发电技术的可再生能源系统，而其中又以德国为最好。据德国能源部披露，2016 年德国可再生能源发电量占总发电量比最高达 40.9%，全年平均占比为 33.4%。而可再生能源唯一的不足就是随天气变化而波动。在 4 月至 8 月这段时间内，光伏发电较多，每月约有 5×10^{9} kW·h，也就是 5×10^{6} kW·h。而风力发电除了 6 月份较少外，其他月份的发电量都比较多，其中二月份风力发电量为 1×10^{10} kW·h，也就是 1×10^{7} kW·h。相比较而言，6 月份风力发电量仅为 3.4×10^{9} kW·h，为二月份发电量的 1/3。

以上是以月为衡量单位的能量波动。下面是以周为单位的能源波动情况。2016 年第 25 周(6 月 20 日至 26 日)，光伏发电基本都在 7:00～8:00 之间。峰值功率最高可达到28 GW，占总发电功率的 39%。而到了夜间，光伏发电量为 0。为了平衡负载，电网不得不进行调频调峰。调频调峰就是根据电网的用电需求减少或增加发电厂的发电功率。无烟煤(Hard Coal)的发电功率就一直在变化着，从 18 GW降至低于2 GW。此外，在每个光伏发电峰都会出现发电过多，导致电网无

① Yang, G. J., Vounatsou, P., Zhou, X. N., Tanner, M. & Utzinger, J., "A Potential Impact of Climate Change and Water Resource Development on the Transmission of Schistosoma Japonicum in China", *Parassitologia*, Vol.47, No. 1 (2005), pp.127-134.

法消纳的问题,所以一部分电能可以通过电网传输给邻国,而在电网发电量不足时又从邻国买电输入。2015年,德国向邻国输出的总电量为 7.7×10^9 kW·h,而从邻国买入的电量为 1.1×10^9 kW·h。考虑到邻国的可再生能源波动,德国可能出现负电价的情况。2016年5月8日,德国可再生能源发电功率为63 GW,其中只有55 GW能被德国电网消纳,多余的需要输给邻国,如丹麦、挪威等。但同一时间,丹麦的可再生能源发电量也大于其电网需求。这时负电价就产生了,德国付钱给丹麦,让丹麦关掉其境内的部分风力发电厂,转而使用德国的电能。因此,为了更好地平衡电网负载和避免负电价的出现,分布式电站和储能的概念被提出。

基于燃料电池的分布式电站和储能单元以及其他的发电用电端共同组成了社区微电网。在用电较集中的社区里,根据用电需求安装一定数量的可再生能源发电系统,同时匹配固体氧化物燃料电池(SOFC)电站和碱式电解水储氢单元。由于用电规模有限,SOFC电站的装机容量不需要太大。在小区发电不足时,SOFC电站自动增加运行功率;如果小区发电过多,储氢单元自动开始工作,把多余的电能以氢气的形式储存起来。因为是可再生能源制氢,每立方米氢气的成本只需要考虑设备折旧和维护费用。而SOFC电站可以直接用已经存储了的氢气发电,同样只需要考虑设备成本和维护成本。另外,在电网需要更多电力输入时,微网里的发电设备可以满功率运行;电网发电量过多时,可以启动微网的存储单元把电网的电能转换成氢气存储下来。

二、技术引入

1.分布式电站

分布式电站就是就近安装发电设备,哪里需要就装到哪里。传统电站都是集中安装,如火电站、核电站,一般都建在远离用电端的偏远地区。一方面,传统电站增加了电力输送成本;另一方面,传统电站对电网的调频调峰要求响应时间较长。而分布式电站可以很好地解决这些问题。在微网的概念中,基于SOFC的分布式电站和碱式电解电池承担着调频调峰的作用。因为是微网,调频调幅的压力更小。基于SOFC的电站可以在小区内安静地运行,基本不会有噪音。另外,配合热电联供系统，分布式电站还可以实现小区内的供热供暖，节省了大量的管道铺设要求，省钱省时又方便。SOFC 的电效率高达 60%，联合热循环后期总效率可达 80%以上。因此，SOFC 被认为最具应用前景的现代能源工具。

2.储能

储能被认为是未来社会能源稳定的必要手段。目前的储能措施有抽水储能、压缩空气储能、热储能、化学储能等。抽水储能就是用富余的电力把水从低处抽到高处，待需要时再用高处的水发电。然而，由于抽水储能需要大量的水和场地，一般只能建在人口密度较小且离湖泊较近的地方，这大大地限制了其应用。压缩空气储能是用多余的电能把空气压缩并存在较大的天然洞穴里，需要时可以用压缩空气驱动发电机发电。由于该技术需要寻找大型的天然洞穴，其应用不是很广泛。热储能和化学储能是目前研究的热点，也是最具商业化的储能方式。热储能有热水储能、熔融盐储能和石料填充储能。热储能需要较大的储藏罐来存放大量的热载体，一般只能建在人口密度较小的地区。化学储能根据最终产品的不同可以分为电制氢储能、电制燃料储能以及电制其他化学品储能。其中，电制氢储能是被广泛接受的、最具潜力的未来能源载体。大范围推广氢能有助于降低温室气体的排放。另外，氢气的用途十分广泛，既可以作为燃料供氢能汽车和氢燃料电池使用，也可以作为原料进入化工行业。

三、燃料电池

1.技术原理

燃料电池指的是通过燃料和空气间的电化学反应产生电流的一种装置。其结构主要有阴极、阳极和电解质。目前，最常用的电解质是固体氧化物，所以叫固体氧化物烯料电池（solid oxide fuel cell，SOFC）。根据燃料的不同，SOFC 可以是氢燃料电池、甲烷燃料电池、甲醇燃料电池等。以氢燃料电池为例，氢分子进入阳极后，在催化剂的作用下，变成氢原子。之后，氢原子被吸附在催化剂表面，失去一个电子变成氢离子。另外，空气中的氧进入阴极后，得到电路中送过来的电子变成氧离子。在750 ℃左右，氧离子可以通过电解质传递到阳极一侧，与两个氢离子结合形成水,然后随废气被排出。

2.发展状况

燃料电池的发展前后经过了三代。第一代,电解质支撑;第二代,阳极支撑;第三代多孔金属基体支撑。常用的电解质材料是 8YSZ(8 mol% Y_2O_3-stablized ZrO_2),750 ℃下其离子传导率约为0.001 S/m。电解质支撑的燃料电池需要很厚的电解质层,为 100～200 μm,故其离子传导阻力较大,电池功率较低,最高只有约 300 mW/cm^2。阳极支撑的燃料电池需要较厚的阳极(大于300 μm)。常用的阳极材料为镍基金属陶瓷(NiO＋YSZ),其机械稳定性差且价格较高。但是与第一代相比,其性能有一定的提升,输出功率约为500 mW/cm^2。多孔金属基体支撑的电池各方面性能都有明显的提升,且采用的是不锈钢基体,其热稳定性和机械稳定性更好,非常适合现代工业应用。目前可以实现的最高输出功率为 1400 mW/cm^2,且工作温度可降至600 ℃。

3.研究现状

目前的研究工作主要集中在寻找新的电解质材料和新的工艺,以在保持输出功率的同时降低成本。常用的阳极催化剂为 Ni,但是为了增加阳极层的透气性,一般用 NiO 作为原材料来制备阳极。制成后,测试时阳极是还原性气氛,故 NiO 会被还原成 Ni,同时留下大量的微孔。高性能阴极材料主要有镧锶钴铁氧体($La_{1-x}Sr_xCo_yFe_{1-y}O_{3-\delta}$)①、镧锶铁氧体($La_{1-x}Sr_xFeO_3$)和锰酸镧锶($La_{0.8}Sr_{0.2}MnO_{3-\delta}$)②。常用的电解质有 8 mol% 的氧化钇稳定氧化锆(yttria-strabilized Zir-

① Liu, M., Ding, D., Blinn, K., Li, X., Nie, L. & Liu, M., "Enhanced Performance of LSCF Cathode Through Surface Modification", *International Journal of Hydrogen Energy*, Vol.37, No. 10 (2012), pp.8613-8620.

② Gamble, S. R. & Irvine, J. T. S., "8YSZ/(La0.8Sr0.2)0.95MnO3-δ cathode performance at 1-3bar oxygen pressures", *Solid State Ionics*, Vol.192. No. 1 (2011), pp.394-397.

conia，YSZ）①、钆掺杂二氧化铈（gadolinium doped ceria，GDC）②和镧锶镓碳酸镁（lanthanum strontium gallate magnesite，LSGM）③。

此外，为了获得足够薄且致密的电解质层，许多种工艺方法都被应用到电池制备中来，如丝网印刷、凝胶法、气相沉积法、磁控溅射、电镀、热喷涂等。其中，丝网印刷和凝胶法都需要后续的热处理，以去除多余的液相，留下致密的电解质层。目前，气相沉积法可以制备厚度只有1～2 μm的电解质层④，但是对阳极层的表面粗糙度要求很严，故其重复性很低，无法大批量生产。而磁控溅射和电镀对基体表面要求也很高，且很难批量生产。最后，热喷涂作为传统的表面改性手段也常被应用到电池制备中。热喷涂是通过等离子体（Ar、H_2和 He 等）融化粉体材料并在高速下沉积在基体表面形成具有层片状结构的涂层。在金属支撑燃料电池制备中，可以把 NiO、8YSZ 和 LSCF 等材料依次送入等离子体中，然后沉积在金属基体表面，形成完整的电池。由于等离子的温度极高，最高能达到20 000 K，且速度能达到1500 m/s，故形成的涂层可以很致密。即使是陶瓷材料，在经历20 000 K的超高温度下也会转变成液态，所以只要选择适当喷涂参数，涂层的致密度和厚度就可以精确地控制，且不需要后期的热处理。

---

① Savo, G., Rainer, A., D'Epifanio, A., Licoccia, S. & Traversa, E.,"Co-Sintering of Dense Electrophoretically Deposited YSZ Films on Porous NiO-YSZ Substrates for SOFC Applications", *MRS Proceedings*, Vol. 835, No.1 (2004), p.835.

② Leng, Y., Chan, S. H., & Liu, Q., "Development of LSCF-GDC Composite Cathodes for Low-temperature Solid Oxide Fuel Cells with Thin Film GDC Electrolyte", *International Journal of Hydrogen Energy*, Vol.33, No. 14 (2008), pp.3808-3817.

③ Duong, A. T. & Mumm, D. R., "On the Interaction of SSC and LSGM in Composite SOFC Electrodes", *Journal of Power Sources*, Vol.241(November 2013), pp.281-287; Zhang, N., Sun, K., Zhou, D.& Jia, D., "Study on Properties of LSGM Electrolyte Made by Tape Casting Method and Applications in SOFC", *Journal of Rare Earths*, Vol. 24, No. 1, Suppl. 1 (2006), pp.90-92.

④ Han, F., Semerad, R., Constantin, G., Dessemond, L. & Costa R. , "Beyond the 3rd Generation of Planar SOFC: Development of Metal Foam Supported Cells with Thin Film Electrolyte", *ECS Transactions*, Vol.68, No.1 (2015), pp.1889-1896.

4.技术要点

(1)热喷涂工艺

由于是直接在阳极涂层上沉积电解质层,所以电解质致密度受阳极涂层质量的影响。为获得致密的电解质层,阳极涂层需要拥有很低的表明粗糙度,且不能有孔隙存在。阳极涂层的质量受多孔金属基体的影响。多孔金属基体一般是通过粉末冶金或者热压法制得,表面的孔隙分布不可控,且孔的尺寸也无法保持一致。喷涂时,依次在多孔金属基体上沉积一层阳极涂层、电解质涂层和阴极涂层。在阳极制备时,一部分粉体填充到孔隙里,导致没有孔隙的地方涂层直接沉积在基体表面,所以最终获得的涂层表面是粗糙的。如果孔隙过大,在当前工艺参数下,涂层无法完全填充,进而形成贯穿孔。贯穿孔一旦形成便会对后续涂层质量产生严重影响,会造成阳极气体和阴极气体的直接接触。所以,在工艺上,我们的主要任务是制备高质量的多孔基体。

此外,从电池输出功率角度考虑,电解质层的厚度越小越好,如 1～2 μm。这要求极高的基体表面质量和极高的工艺要求,只有气相沉积和磁控溅射技术能满足这个要求,而热喷涂和丝网印刷就无法胜任。另外,从电池稳定性和成本上考虑,又要求电解质层有一定的厚度,以此来抵抗变形和裂缝的产生,从而使电池具有较长的使用寿命,而且可以应用热喷涂等效率较高的技术来制备电池。一般,热喷涂制备的电解质厚度为 20～35 μm最佳。目前,在德国宇航中心(DLR),我们用真空等离子喷涂已经制备出了在600 ℃下工作的高性能电池片,其功率输出为900 mW/cm^2。

(2)燃料电池性能

到底什么样的电池片才是最好的呢?有三个要求:性能高、稳定性好、容易实现。只有具备以上三点,燃料电池才能大范围推广。

首先,我们看看燃料电池的性能。以氢燃料电池为例[298 K,1 atm(101.325 kPo)]:

阳极反应:$H_2 \longrightarrow 2H^+ + 2e^-$;

阴极反应:$1/2O_2 + 2e^- \longrightarrow O^{2-}$;

总反应:$H_2 + 1/2O_2 \longrightarrow H_2O$。

总反应的吉布斯自由能变化可以由 Nernst 方程描述，即

$$\Delta G=\Delta G^{0}-RT\ln\left(\frac{a_{H_2}\cdot a_{O_2}{}^{1/2}}{a_{H_2O}}\right)$$

式中，ΔG^{0}为标准状态下的反应吉布斯自由能变化，值为－286 kJ/mol；a_{H_2}、a_{O_2}和a_{H_2O}分别为参与反应的氢、氧和水的活度 R 为气体常数；T 为绝对温度。

吉布斯自由能变化可以方便地转换成电压(E)，即

$$E=\frac{-\Delta G}{nF}$$

式中，n 为参与反应的电子数；F 为法拉第常数，值为 96 485 C/mol。

电池两端的开路电压为

$$E=E^{0}+\frac{RT}{nF}\ln\left(\frac{a_{H_2}\cdot a_{O_2}{}^{1/2}}{a_{H_2O}}\right)$$

式中，E^{0}是标准状态下的电池开路电压，其值如表 5-1 所示。

表 5-1 水的不同状态下的 E^{0}

水的状态	温度 /°C	E^{0} / V
液态(理想状态)	25	1.23
气态	100	1.17
气态	200	1.14
气态	400	1.09
气态	600	1.04
气态	800	0.98
气态	1000	0.92

假设反应物均以气态参与反应，故其活度可以用分压来表示：

$$E=E^{0}+\frac{RT}{nF}\ln\left(\frac{a_{H_2}\cdot a_{O_2}{}^{1/2}}{a_{H_2O}}\right)$$

根据上式，只要知道了电池两极气体的分压和电池的温度，就可以很方便地算出电池的理论电压值。例如，假设电池两极的气体分压均为 1.5 atm，氢气的使用

率为80%，则氢气的分压为0.3 atm，氧气的分压为1.5 atm，而产物气态水的分压为1.2 atm，该状态下的电池理论电压为

$$E = E^0 + \frac{RT}{nF}\ln\left(\frac{a_{H_2} \cdot a_{O_2}{}^{1/2}}{a_{H_2O}}\right)$$

$$= E^0 + \frac{8.314\ \text{J/(mol·K)} \times T}{2 \times 96485\ \text{C/mol}}\ln\left(\frac{0.3 \times 1.5^{1/2}}{1.2}\right)$$

$$= E^0 - \frac{T}{19610.5}\text{V/K}$$

令 T 分别为500 ℃、600 ℃、700 ℃和800 ℃，可以算得理论电压为1.025 V、0.995 V、0.960 V和0.925 V。

运行中，由于电解质电阻、电极电阻、气体扩散阻力、气体分压变化等问题的存在，实际获得的电压会明显低于理论电压。所以，提高电池性能的办法就是不断降低功率损失，如高性能阴极可以降低阴极极化，降低电解质厚度可以降低内部阻损。

四、电解水制氢储能

1.原理

电解水制氢的原理很简单，插入水的两个电极分别连接到外部支流电源的正极和负极。电子流经电极后，在阴极表面与水分子中的氢离子相结合生成氢原子，同时生成 OH^-，OH^- 被阳极电场吸引向阳极迁移。在阳极表面，OH^- 失去一个电子，生成氧气和水。由于纯水的电导率很低，电解速度很慢，可以通过外部引入 H^+ 或 OH^- 来提高其电导率。若通过外部引入 H^+，则电解水就是酸式电解水；若通过外部引入 OH^-，则电解水就是碱式电解水。由于常用的催化剂为金属，在酸性条件下，一般金属催化剂很快失去活性，只有贵金属铂金(Pt)才能保持活性。但Pt太贵，无法大规模应用，所以现在主要使用的是碱式电解水。另外，质子交换膜也是电解水的一种，其原理是通过一层只允许氢离子通过的膜来分开阴极和阳极，在稀有金属铟(In)的催化下，水被分解为氢离子和氧气，并给出一个电子；而在另外一面，在Pt的催化下，氢离子获得一个电子生成氢气。

2.发展状况

电解水的发现最早可以追溯到1800年。到1902年,全世界至少有400个商业化运行的电解水单元。1939年底,一个大规模电解水厂开始运行,产氢量为10 000 Nm^3/h。1948年,第一个加压电解水厂问世。1966年,第一个固体复合物电解系统被通用电气公司(GE)开发出来。1972年,第一个固体氧化物电解电池被成功开发。直到1978年,高效电解电池才被提出。然后,传统水电解电池逐渐被碱式电解水技术和质子交换膜技术取代。目前,除了碱式电解水和质子交换膜电解水以外,光直接催化电解水也在发展,但是其效率较低,很难被大规模采用。

3.研究现状

学术上,大部分的工作都集中在新型催化剂的开发,以提高其使用寿命,降低成本。现有催化剂为镍或镍与其他过渡金属的合金,如NiCo、NiFe等。镍本身能够适应长时间在极强的碱性条件下工作,但是由于存在氢化等现象,导致电极解构而损失其催化能力。一般来说,镍基电解电池使用寿命为5~10年,通过引入贵金属(如Pt)可以把寿命提高到20~30年。在工作电压经常波动时,其使用寿命也会相应降低。考虑其寿命、催化性能和成本,目前还没有找到更好的材料来替代镍。

工业上,注意力更多地集中在高压碱式电解水。制氢必然涉及储氢和运输的问题,而液态氢是最有效的存储方式。为对氢气进行液化,需要大量的能量来压缩氢气。但是氢气密度极小,液化氢气的成本极其昂贵。随着高压电解水的应用,氢气在被电解出来时就处于极高的气压下,如100 atm,此时将其进一步压缩到200 atm时所做的功就小很多。目前,有的公司已经在开发200 atm的电解水系统。

4.技术要点

(1)电极性能退化

虽然电解水的原理很简单,但是详细步骤和其性能损失原理一直都不是很清楚。学术界通常认为是电解水是通过以下步骤实现的:

$$H_2O+M+e^- \longrightarrow MH_{ads}+OH^-$$

$$H_2O+MH_{ads}+e^- \longrightarrow H_2+M+OH^-$$

$$MH_{ads}+MH_{ads} \longrightarrow H_2+2M$$

首先，水分子里的氢得到一个电子以氢原子的形式被吸附到催化剂表面，同时生成一个单位的 OH^-。然后，在外部电子的协助下，吸附的氢与另一个水分子反应生成氢气和一个 OH^-，同时可能发生的反应还有两个被吸附的氢互相结合直接形成氢气。此外，氢还有可能直接插入金属催化剂的晶格中，形成金属氢化物。在模拟外界电源波动的测试中，电压周期性地在负电位和正电位间变化，导致金属氢化物的不断形成和消纳，金属催化剂表面的微裂纹会越来越多，直至脱落，这就引发了电解性能的下降。有证据表明，在一定的电位下，镍表面确实有一层 NiH_x。[①]

另外，也有人认为电极活性表面积的降低是电解性能降低的原因。目前，应用最广泛的催化剂是镍，而性能最好的结构是多孔状的镍。现在有多种工艺可以实现镍的多孔化，如化学侵蚀、金属发泡等。其中，化学侵蚀被普遍用来制备拥有极高比表面积的镍基电极。和传统的光滑镍板相比，侵蚀后的表面积能提升 500 倍。[②] 在测试开始时，能获得最高的接触面积，所以其催化能力最强；而一段时间后，部分表面积被氢氧化物钝化，导致了电解质和催化剂的隔离，达到去催化效果。

大部分学者认为以上两者同时发生，共同影响电池的电解催化性能。图 5-1 为循环伏安法测得的伏安图，横坐标为电流密度，纵坐标为电加在阴极的电位。测试中，电位按照图中箭头所示的方向变化，将通过电极的电流记录下来就可以得到

---

① Lasia, A. , "Hydrogen Evolution/Oxidation Reactions on Porous Electrodes", *Journal of Electroanal Chemestry*, Vol.454, No.1-2 (1998), pp.115-121; Manazoğ lu, M., Hapçı, G. & Orhan, G., "Electrochemical Deposition and Characterization of Ni-Mo Alloys as Cathode for Alkaline Water Electrolysis", *Journal of Material Engineering and Performance*, Vol. 25, No.1 (2016), pp.130-137; Krstajić, N., Popović, M., Grgur, B., Vojnović, M. & Šepa, D., "On the Kinetics of the Hydrogen Evolution Reaction on Nickel in Alkaline Solution: Part I. The mechanism", *Journal of Electroanal Chemistry*, Vol.512, No.1-2 (2001), pp.16-26.

② Kjartansdóttir, C. K., Nielsen, L. P. & Møller, P, "Development of Durable and Efficient Electrodes for Large-scale Alkaline Water Electrolysis", *International Journal of Hydrogen Energy*, Vol.38, No. 20 (2013), pp.8221-8231.

图 5-1。标准循环伏安图中阳极峰和阴极峰都比较圆滑，而在强碱条件下，阴极峰变得很尖锐。这表明碱式电解水的析氢过程是完全的电化学过程。只有电位降到析氢电位以下才会有析氢反应，电位在逼近析氢电位时析氢反应很微弱，可以忽略。很明显，析氢峰没有明显的变化，而阳极峰却有明显的弱化和右移。阳极峰产生于发生在电极表面出现化学反应时，如 NiH_x 产生。阳极峰的右移是电极极化的表现，说明需要更多的能量来克服阻力。而阳极峰的弱化表明这类电化学反应数量的减少，进而间接证明有效表面积的减少。有文章指出，测试一段时间后，在镍基电极表面发现了薄片状结构，经过检测，其成分为 NiO①。

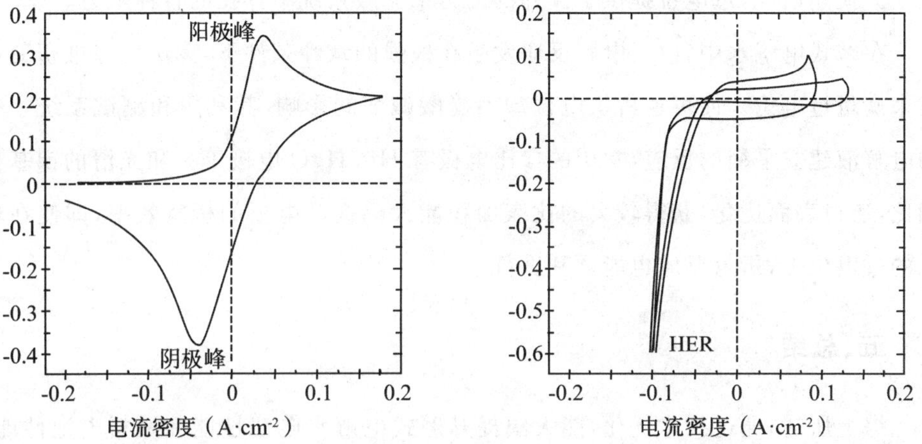

图 5-1　标准循环伏安图（左）和碱式水解电池循环伏安图（右）

(2)过电位

效率是衡量电解电池的一个重要指标。目前，最好碱式电解水电池的效率约为 80%。以可逆析氢电位为参考，过电位越小，电解效率就越高，反之亦然。可逆析氢电位是析氢反应达到平衡时的电位，可以作为理论析氢电位。在实际运行或测试中，却需要在电极上施加稍大的电位来推动氢气的析出，这是因为系统中有额

① Yan, X., Tong, X., Wang, J., Gong, C., Zhang, M. & Liang, L., "Rational synthesis of hierarchically porous NiO hollow spheres and their supercapacitor application", *Materials Letters*, Vol. 95 (March 2013), pp.1-4.

外的阻力需要克服。

碱式电解水反应如下：

阴极反应：$2H_2O+2e^- \longrightarrow H_2(g)+2OH^-$　　$E^0=-0.83$ V vs. SHE

阳极反应：$2OH^- \longrightarrow 1/2O_2+H_2O+2e^-$　　$E^0=0.40$ V vs. SHE

总反应理论电压为−1.23 V vs. SHE。但是由于电极极化后在其表面形成了离子包覆层，降低了电极和电解液的接触面积。同时，一段时间后，在电极附近的电解质浓度会低于原有的值会降低电解反应的速率。此外，在阴极产生的氢氧根离子要迁移到阳极，有离子迁移电阻。这一系列的变化和阻力最终都反应在过电位上。换句话说，过电位提供了额外的动力来克服系统中存在的各种阻力。

在碱式电解水中，由于电解反应发生在极强的碱性条件下，无法用标准析氢电位来衡量过电位。而可逆析氢电位却不受酸碱度的影响，其利用和测试系统一样的电解液建立平衡的反应，常用的参比电极有 Hg/HgO 电极等。和光滑的镍基体相比，通过表面优化，获得较大的比表面积能大幅提升电极的析氢效率，即使在较低的过电位下，析氢反应也能顺利进行。

五、总结

综上所述，通过技术优化，能大幅提升碱式电解水电池性能和燃料电池性能。碱式电解水电池的优化主要是通过提高比表面积和阻止氢化物的产生，来获得长期稳定的低过电位。燃料电池的优化则是通过低温化和长期化，逐步把燃料电池的工作温度降低，同时保持输出功率在原有水平。燃料电池的使用寿命直接关系到其成本。通过将燃料电池组建分布式发电站和基于碱式电解水的储能并入小区微网，未来可实现小区可再生能源发电的自我平衡，从而有助于全面推广清洁能源。

复杂原子核的规则结构

(2019 年 4 月 9 日)

赵玉民*

2007 年,美国长期核计划中列举了核物理与核天文学中面临的五个重要问题,其中第二个问题是:复杂原子核简单性的起源是什么? 原子核非常复杂,但又展现了很多规则性现象,例如配对现象、集体运动等。复杂性和简单性的对立统一在原子核中得到了完美的体现,而这些规则是长期以来人们研究原子核物理的主要线索。我的报告主要讨论原子核的复杂性和简单性的发展与现状,主要对简单性进行讨论。

不仅仅是原子核结构,自然科学中许多方面都具有类似矛盾的对立与统一,复杂性和简单性是多体系统的不同侧面,就像人性的善与恶,矛盾在许多系统和谐共处。这里,我们引述谢里尔(B. M. Sherill)和卡斯腾(R. H. Casten)刊登在《核物理新闻》(*Nuclear Physics News*)第 15 卷第 2 期上的一篇文章。在这篇文章中,作者们也特别强调了多体系统中简单性与复杂性是原子核性质的不同侧面,即复杂性和多样性的自然界是如何从基本组元和相互作用中构造出来的? 复杂的系统又是如何展现出各种规则或者简单性的? 如何理解这些既和谐共处又看起来矛盾的两个侧面,是研究多体系统的重大挑战。原子核系统中的这种复杂性与简单性共

---

* 赵玉民,上海交通大学特聘教授,在南开大学(1989 年)、中科院近代物理研究所(1992 年)、南京大学(1995 年)分别获学士、硕士、博士学位。2004 年和 2014 年应邀在国际权威期刊《物理报告》(*Physics Reports*)发表关于随机相互作用多体系统、原子核壳模型配对近似的长篇综述。赵玉民教授长期研究原子核结构理论,以第一作者或唯一通讯作者在《物理评论 C》(*Physical Review C*)发表 100 余篇文章;编著本科生教材《电动力学教程》(科学出版社 2016 年出版)。2012 年和 2016 年分别获得国家杰出青年科学基金、上海市优秀学术带头人计划资助。

存在自然中是很典型的。在美国的核科学长期规划中,简单性也被提到了很高的位置。在这个长期规划中,关于核物理与核天体物理的5个重要问题中,第二个问题是关于原子核的简单性的,即复杂原子核的简单性从何而来?原子核系统是人类可以想象的最复杂的系统,我们实在想不出任何一个系统,比原子核更复杂。那么如此复杂的系统要怎样才能着手研究呢?幸运的是,实际上大量的实验数据表明,原子核有很多定量和定性的规律,这些规律为我们研究原子核提供了非常重要的线索。

我们先看看原子核的复杂性是怎么一回事。一方面,原子核系统不像理想气体,不能用统计的方法处理,而强耦合的量子多体严格求解是极其困难的;另一方面,我们对核力的理解非常有限。这两个方面是原子核复杂性的主要因素。我们知道,自然界中有四种相互作用。除了强相互作用,其他相互作用的理论研究都比较顺畅。比如对于万有引力,一个苹果砸下来就想出来了;库仑力在库仑定律之前,就有人猜测它与电荷之间距离的平方成反比关系。另外,弱相互作用力的认识也比较顺利。强相互作用的理论基础是色动力学,色动力学它有一个特点——在低能情况下无法微扰计算。此外,原子核系统中除了强相互作用外,电磁相互作用和弱相互作用在一些物理过程中也很重要。虽然人类认识原子核物理的历史已经接近1990年,但对核物理的了解仍然比较肤浅,按照理查德·卡斯腾(Richard Casten)的话说,甚至连原子核的表皮都没有抓破。原子核层次的认识在可以预见的将来不会出现一个精确的理论,只能是模型理论。模型理论需要抓主要矛盾,而主要矛盾就是要找到主要线索。

核物理是20世纪物理学中非常重要的一个领域。原子核科学领域的学者获得了非常多的诺贝尔奖,甚至一些诺贝尔化学奖也颁给了核物理的人,比如居里夫人、约里奥·居里夫妇、发现原子核裂变的奥托·哈恩等获得的都是化学奖。目前,原子核结构主要有三个线索。第一个是壳层理论,这个壳层与原子物理不一样,原子物理是电子按照壳层排列。原子核是从这个能级的角度来理解的。第二个线索是集体模型,也就是被原子核看作有形变的量子液滴。第三个线索是以SU(6)对称性sd玻色子模型为代表的代数模型。正如前面提到的,理解模型理论需要抓住主要矛盾。对于不同的模型，我们就像盲人摸象。当我们研究大象的时候，说大象身体躯干像一个墙，腿像一个柱子。当研究大象身体躯干部分的时候，就能得到一个墙模型。所以，研究与大象躯干相关的问题时，我们就需要采用墙的模型来研究。其实这些模型无所谓好坏，它们都有各自的适用范围。任何理论原则上都有局限性，应用某个理论并不是说这个理论适用所有情况。比如经典电动力学在处理原子光谱时就不适用，同时也不能处理需要量子化的微观系统。所有理论都要因时因势而发展，模型理论也是。

下面为大家介绍的是原子核领域的主要研究方向。第一个研究方向就是超重元素稳定岛的概念。由质子和中子组成的原子核不能无限大。在我念高中的时候，老师问自然界中有多少种元素，我们的标准答案是 106 种，如果回答为 107 种就是错的。随着超重元素的研究进展，目前的标准答案是 118 种元素。人们认为在质子数比较大，中子数也比较多时，可能存在一个稳定岛。寻找稳定岛是核物理学家的一个梦想，几十年来大家一直努力“登岛”，但是技术路线还非常困难。第二个研究方向是核天体问题中关键的核反应率。宇宙演化的细节是核过程，太阳发光、发热就是核过程。太阳通过聚变，放射出的能量可以使生物存活下来。人们现在已经基本理解从氢到铁的过程，即通过不断聚变释放能量，直至结合成最紧密的铁。而现在，核天体物理研究人员试图理解宇宙里的重元素是怎么形成的。我们地球环境里有很多比铁重的元素，比如银、金、铀等，这些重元素在宇宙中是怎么制造出来的？目前，我们对这一机制还不太了解。虽然有很多的理论结果，但都具有模型依赖性。第三个研究方向是远离稳定线的奇特核结构。原子核有多奇异运动状态，比如各种集团结构、晕结构等。所谓集团结构，简单地说就是原子核分成几个区域，每个区域之间耦合比较弱。晕结构就是原子核系统有某两个核子距离核心部分得很远，这些空间内核子密度非常小，因而称为“晕结构”。月亮很小，但大气中月亮的晕却看起来很大，原子核中的晕结构就是这种效果。这些年研究人员还发现了一些新奇的结构，如超形变、高自旋态、磁转动以及新型对称结构。

下面是我报告的第二部分，讨论原子核的简单性，也是本次报告的主题。

原子核太复杂，但是给我们留下了一些线索。前面提到的壳层结构、集体运动、SU(6)对称性当然是著名的线索。这里,我们讨论另外一条线索:配对现象。人们对配对认识比较多的是电子的配对现象。电子配对是超导机制的核心部分,此外还有生物里的DNA碱基配对。我们做过统计,在原子核物理期刊《物理评论C》(*Physical Review C*)上有4000多篇讨论配对现象的论文,而在凝聚态物理为主的《物理评论B》(*Physical Review B*)中讨论配对现象的论文高达9000多篇,在整个《物理评论》(*Physical Review*)系列期刊中,共有2万多篇关于配对现象论文。可见,配对关联的研究不仅是核物理研究的基础性内容,而且是整个物理学乃至现代科学中重要的研究内容。配对关联是复杂量子多体系统的共性(universality)。实际上原子核内核子的配对比其他任何一个领域的配对都更自然而然。为什么这么说呢?我们知道,原子核的单核子结合能随着原子核质量数的增加,先缓慢上升再缓慢下降。简单地说,几乎所有原子核的单核子结合能都在7～9 meV之间。为什么单核子结合不能一直增加或者维持为一个常数?这是因为存在库仑力,重原子核内质子数变大,质子多了会相互排斥,单核子结合能就这样稍微降低一点儿,这也导致重核可以裂变成两个子核。原子核中的核子只和周围的核子有吸引力,也就是短程吸引。短程吸引就会配对,这一点可以从数学上证明。因为配对现象在低能情况下的重要性,人们长期以来不懈努力,发展核子配对理论。

在低能情况下,原子核配对种类不多,只有少数几种配对起作用。这时我们可以利用这少数几种配对构造组态空间,这个空间维数很小,即使我们把约束条件放得开一些,组态空间也是容易处理的。这就避免了一般壳模型理论带来的维数过大的困境;壳模型理论的主要困难就是组态空间太大,因此,在建立壳模型理论以后,配对理论就很快提到日程。朱利奥·拉卡(Giulio Racah)在原子物理中的单轨道S配对理论于1952年被移植到原子核系统(seniority理论),大约20年后(1971年),这个理论被伊加尔·塔米尔(Igal Talmi)推广到多轨道情形中,此后配对理论进入了一个大发展时期,出现了许多种配对理论。这些配对理论如此之多,以至于不同研究组使用的词汇都不统一。20世纪70年代和90年代,配对理论兴旺的另一个重要原因是70年代原子核结构理论进入了由日本学者有马朗人和意大利学者弗兰克·亚切罗(Franco Iachello)提出的sd玻色子模型的黄金时代,而sd玻色子理论的微观基础是核子配对。配对组态空间小是配对理论的最大优点，我们比较容易得到低激发态的物理图像。当然，配对理论也有局限性，就是多粒子强耦合的计算太复杂了，因此配对理论仍然在继续发展中。配对理论有一个特别的模型，这个模型最初是美籍学者乔·吉诺乔(Joe Ginocchio)在1982年提出的，他把核子变换到一个抽象空间内，在这个抽象空间里核子耦合为带有对称性的SD核子配对，这样简化后哈密顿量就有动力学对称性，甚至可以解析求解。可惜的是，由于认识的局限性，Ginocchio人为地丢弃了其中一个重要的群，导致模型不完整。1984年南京大学陈选根等讨论了这个丢弃的群的重要性，1986年，陈金全和吴成礼分别在《物理评论C》(*Physical Review C*)和《物理评论B》(*Physics Letters B*)发表了论文。1987年，吴成礼等人发表了著名的费米子动力学对称模型理论，此后吴成礼及其合作者[包括美籍华人冯达旋和美籍学者迈克·吉德里(Mike Guidry)]推动了这个理论的发展，所以这个模型曾被称为中国模式(Chinese model)。可惜因为各种人事变动，现在这个模型很少被人提及。在20世纪90年代，陈金全提出了一个普适的配对理论，这个理论原则上对于配对结构不做任何限制，他把这个理论称作配对壳模型。这个理论方法此后几经拓展，称为配对理论。2014年由马朗人先生和我本人对于这些配对理论作了全面总结。

这里介绍几个原子核简单性的实例。首先，对于看单满壳的Sn偶数中子同位素低激发态结构，这些原子核低激发态波函数在配对基矢上竟然近似是一维的。通过传统配对理论可知，这些原子核基态可以看作是S配对凝聚，最低的几个激发态可以看作为一个S配对被打破，这些态的波函数可以简单给出其波函数和本征值。然而，进一步激发态后，人们期待这些原子核的激发态可能比较复杂，开始出现比较强的组态混合，波函数也比较复杂。这里的简单性的意思是，能量继续增加的许多激发态波函数实际上仍然可以写成简单的一维基矢态，这些一维配对基矢态与全空间的壳模型波函数重叠一般在0.9左右甚至更大。这无可辩驳地说明，这些状态很好地用配对态来描述，对于原子核组态空间来说这些配对基矢态与壳模型空间其他部分很好地脱耦合了。实际上，不仅这些单满壳原子核有这样简单的配对结构，有些开壳原子核(既有价质子又有价中子)，如Pd-130、Cd-132核素的低激发态也被发现是简单一维配对基矢态。在研究配对态的初期，人们通过数值试验挑选出配对态的波函数，后来发现这可以变得很简单，即计算不同基矢态的对角元，矩阵元最低的基矢就是某个低激发态的近似波函数。原子核如此复杂，然而在配对空间，原子核看起来则是无比的简单，实质就是一个一个的配对态。从这个观点看，正如苏轼的诗所描绘的那样，原子核的结构确实是"横看成岭侧成峰，远近高低各不同"。基于一个好的出发点，我们可以把一个复杂的问题变得非常简单。

第二个实例是随机相互作用下的集体运动理论研究中的一个有趣结果。原子核科学有很多模型理论。不管怎样，我们要问：原子核为什么有简单性和对称性？低能原子核能谱有许多这些对称性结构，而这些对称性在核子—核子相互作用中看不到，它们可能是来自相互作用的一些基本对称性，如转动对称性、时间反演对称性、同位旋对称性等，也可能是多体系统固有的东西，跟相互作用的细节可能没有关系。研究这个问题的一个简单想法是，当相互作用变得越来越任意的时候，什么样的性质能够保留下来，哪些性质和相互作用无关，原子核系统的相互作用可以任意到什么程度？这样刨根问底，那就不如引入随机作用研究原子核系统。随机性在统计物理中用到比较多，分子过程是随机的吗？不是！两个分子碰撞，动能和动量都守恒，不是随机的。但是分子数目太多了，就可以用这种随机观点处理。原子核的能级是无穷多的，为了了解原子核的整体行为，可以从这个角度出发研究原子核能级的统计性质，这是研究比较高激发能级的整体性质时常用的方法。我们引进随机相互作用，讨论的是原子核低激发态可能的鲁棒性质和简单性质，并不关心高激发态统计结构。

我们可以只看基态性质，原子核的基态很规则，这些规则结构是相互作用相关的。例如，偶偶原子核基态自旋都是零，这被认为是短程对力的结果。所有的价核子都是S配对，因此总自旋当然为零。下面我们做一个简单的数值实验。我们考虑一个单轨道 $j=9/2$，上面放四个全同的核子。这个单轨道空间对应5个二体相互作用，相互作用为 $V(J)$，$J=0,2,4,6,8$。我们选择5个随机数，给这5个二体相互作用赋值，做壳模型计算，看基态的自旋是多少。然后，再选一组随机数，再做一次这样的计算，不断重复该过程。事实上不用重复太多次，基态自旋的统计结果就会稳定下来。四个粒子在 $j=9/2$ 单轨道壳空间，系统总自旋为 0,2,3,4,5,6,7,8,9,10,12，每个总自旋的空间维数也是可知的，总共有近 20 个状态。假设输入是随机的，则预期输出也是随机的。自旋等于 0 只有两个态，那么自旋为零基态上的比例大约为 10%。这是很小的壳，如果是大一些壳层，这个比例就应该更小了。但是实际结果是怎样的呢？在这个实例中，基态自旋等于 0 的概率约为 67%，与预期很不一样，远超预期的 10%，这是非常有趣的理论发现，受到了广泛关注。我再讲一个我个人非常喜欢的一个问题。举一个例子，质子中子都在 f5/2，p1/2，g9/2 壳层，对应的是质子数和中子数等于 40 的真实壳层，那这个壳层有什么特点呢？fp 轨道的宇称是负的，而 g 壳层的宇称是正的。现在我关心的问题不再是原子核基态的自旋，而是宇称。宇称的运算很简单，如果这空间里面偶数个核子在正宇称上，那么这个系统是正宇称；如果是奇数个核子在负宇称上，那这个系统是负宇称。我们同样用随机相互作用做数值实验，预期结果是基态正、负宇称的统计大致相同。然而，数值实验的结果与这样预期完全不同，偶偶核正宇称占优，而且这个结果迄今没有任何例外。

前面我们提到 sd 玻色子模型，我们用随机相互作用做数值实验。现在有两个问题。第一个问题：自旋为零是否在基态上？答案为是。第二个问题与激发态有关。对于真实偶偶原子核的激发态来说，将第一个 4＋态能量除以第一个 2＋态能量(标记为 R)，当 $R=2$ 时，通常认为是振动态，而 $R=3.333$ 时，认为是转动态。实际计算的结果是，随机相互作用下当基态自旋为零的部分系统中，出现了 $R=2$ 和 $R=3.33$ 的统计峰值。这说明这个随机的东西，其实是很有规律的。进一步深入研究发现，除了这两个峰值以外，其他的所谓"随机噪声"的样本，也是高度规则的，我们用 α、β、γ-关联等标记这些随机样本。现在，总结一下关于这个 sd 系统的认识：在 2000 年前后，人们认识到 sd 玻色子系统在随机相互作用下的基态多数自旋为 0，基态能量有振动、转动峰；在 2010 年前后，人们认识到当能级结构不趋于振动和转动时，其实反而是非常好的配对凝聚态；过了几年后，人们又认识到，那些随机相互作用下 sd 玻色子基态自旋不等于零的随机样本，具有更加规则的结构。那么，有一个问题：sd 玻色子系统在随机相互作用下难道全部是规则结构吗？这还没有一个完美的回答。

总之，原子核的复杂性容易理解和想象，而简单性则是出人意料的。上帝构造了复杂的原子核，也为我们认识原子核提供了一些可以追寻的简单线索。选择合适的“坐标系”，原子核系统可以非常简单。我们还看到认识和研究原子核简单性的一个尝试，即选用随机相互作用作为工具。人们看到在随机相互作用下原子核呈现许多与预期不同的、有趣的规则图案。原子核简单而复杂，是自然界非常典型的矛盾复合体，也是一个非常和谐的系统。

加速膨胀了60亿年的宇宙

（2019年11月13日）

赵公博*

自1998年宇宙的加速膨胀现象被发现以来，一直都是国际上的研究热点。理论上，宇宙的加速膨胀可能源于暗能量，或者是一种新的引力效应。揭示暗能量或者引力的本质将掀起一场基础物理学的革命，因此具有重大的科学意义。我将介绍暗能量和引力研究的最新进展以及我国在此研究领域的机遇和挑战。

宇宙学家是干什么的？简单来说就是研究宇宙。再说得稍微具体一点，宇宙学家就是综合利用超新星、宇宙微波背景辐射、重子声学振荡、红移畸变等宇宙学探针，综合使用理论计算、数值模拟、数据处理等技术手段，重建暗能量状态方程演化历史，测量中微子质量，研究宇宙原初非高斯性等宇宙学前沿问题。

---

* 赵公博，国家天文台研究员，国科大天文学院天文学系主任，国家杰出青年基金获得者，入选国家万人计划科技领军人才、国家科技部中青年科技创新领军人才、国家青年千人计划，获英国皇家学会牛顿高级学者奖。主要研究方向为依托大尺度星系巡天的暗能量性质等宇宙学前沿问题，在星系巡天数据分析、数值模拟以及宇宙学应用研究等多个关键领域作出了一系列有国际影响力的重要工作。在《自然天文学》（*Nature Astronomy*）、《物理评论快报》（*PRL*）、《英国皇家天文学会月刊》（*MNRAS*）等刊物共发表SCI论文130余篇，他引7000余次，h因子（h-index）为51。曾领衔斯隆数字化巡天III重子振荡光谱研究（SDSS-III BOSS）国际合作组，在国际上首次在高置信水平发现暗能量的动力学演化证据，入选2017年全国十大天文科技进展。作为斯隆数字化巡天III扩展重子振荡光谱研究（SDSS-IV eBOSS）国际合作组科学工作组主任，他领导eBOSS合作组开展巡天观测、数据处理以及宇宙学应用研究，在国际上首次利用类星体，成功测量高红移宇宙的背景膨胀和结构增长历史，为后续的依托暗能量光谱仪（DESI）、主焦点光谱仪（PFS）等高红移巡天的宇宙学研究奠定了基础。他的工作被《科学》杂志、美国粒子物理十年规划以及普朗克（Planck）、加-法-夏望远镜重力透镜巡天计划（CFHTLenS）、暗能量巡天（DES）、千度调查（KiDS）、欧几里得（Euclid）等大型国际巡天合作组大量正面引用，并被国际同行深度、广泛使用。

什么是宇宙？实际上我们中国古人已经对这两个字进行了深入的研究。在《淮南子·齐俗》中这样说道，“四方上下谓之宇，往古来今谓之宙”。“宇”代表空间，而“宙”代表时间，这句话表示宇宙学是一门研究时间和空间的学问。

千百年来，人们对宇宙时空的思考从未停止过，包括我自己也一样。我从小就想过很多问题，比如宇宙到底是怎么样开始的。

根据我们今天的了解，宇宙开始于一次大爆炸。但是，在此之前，人们都认为宇宙是静止不变的。这也符合很多人的预期，因为静止可能代表着宁静，代表着永恒。

既然宇宙有这样一个开端，那宇宙的年龄大概是多少呢？是138亿岁。在138亿年前，宇宙经历了一次剧烈的爆炸，宇宙开始加速膨胀。然后宇宙里面形成了一些结构，包括恒星、行星以及星系等，宇宙开始变得丰富起来。在这一时期，由于物质的产生，时空在物质的作用下开始进行减速膨胀。

接下来就是我们目前所处的时期，我认为这也是宇宙最重要的一个时期，宇宙又开始加速膨胀。我们只知道这个现象，但是却不知道背后的原因。到底是什么力量在推动宇宙加速膨胀呢？科学家们给它取了一个名字，叫作暗能量。

接下来，我们结合今天所有的观测，对宇宙历史作的一个更加详细的描述，看看宇宙里发生的有趣的事情。

我们从宇宙的爆炸开始，讨论宇宙里面的几个关键的时刻。首先是宇宙的开端——大爆炸。根据我们现有的理论，在138亿年前，非常可能发生了一次爆炸。不过这并不是百分之百肯定的，还有其他的理论存在。

这次爆炸并不像我们想象中的原子弹爆炸一样，它不是简单的一个物质发生爆炸然后产生了很多其他东西。这一次爆炸产生的不是普通物质，而是时间与空间。也就是说，在此爆炸之前时间和空间是没有的，是不存在的。

这次爆炸非常剧烈，在爆炸的时候，时空加速膨胀。如果你无法感受这个爆炸的剧烈，那我们用数字来说明一下。时空在非常短的时间内（10^{-36} s之内）膨胀了10^{26}倍，你们可以想象这是多么剧烈的一个过程。

同时，温度也随着时空的膨胀急剧地下降，从1×10^{32} ℃下降到了大概

1×10^7℃。由于宇宙早期的温度太高了,一些丰富的结构还没有办法形成,所以在早期的宇宙里只有一些非常基本的粒子,比如光子、电子。

这就像是生物演化的过程,刚开始只有一些非常简单的生物结构,如三叶虫,后来就演化出来非常丰富的结构。

光子可以说是我们这个宇宙里面最古老的一种粒子,从宇宙爆炸就有光子的存在。光子到底是什么呢?实际上光既是波又是粒子。其实我们每天都在跟光子打交道,但是我们通常看东西只是利用光波的非常小的一部分频率,即可见光,来看到不同的颜色。

我们在其他的日常生活中还会频繁地接收光子。例如,我们用微波炉加热食物的时候用的也是光子,只不过那个光子的波长不在可见光范围内,我们看不到它,但是却能够感受到它,它既有温度也有能量。医院里拍 X 光片用到的也是光子,只不过用到的是波长更短的光子。因为 X 光不在可见光的波段内,所以我们仍然是看不到的。

在早期的宇宙,光子和电子紧密地结合在一起。用通俗的话说,早期的宇宙就是一锅粥,并且温度非常高。被电子束缚的光子是无法传播到今天,被我们看到的。

如果光子在宇宙早期不能自由传播到今天,我们是没有办法了解早期宇宙发生了什么事情的。大概在大爆炸后的 38 万年,宇宙的温度已经降得足够低了,那时候光子第一次变得自由。这是一个非常重要的时刻,因为在那之后我们第一次接收到光子。

这就是说,我们能够了解宇宙的最早的时刻是大爆炸后的 38 万年,我们把它叫作宇宙微波背景辐射时期。之所以叫微波背景,是因为那个时候光子的波长跟微波炉的波长是一样的。

光子自由之后,就从宇宙的早期慢慢地飞到了今天,直至被我们探测到。因此我们今天所看到的这个信号包含两部分重要的信息,一个是早期宇宙发生了什么,一个是宇宙演化以来的 138 亿年发生了什么。

关于宇宙微波背景辐射的发现,其实在科学上是一次意外,并不是科学家专门要去寻找这个信号。20 世纪 60 年代,美国贝尔实验室的两位工程师,彭齐亚斯和威尔逊,这两个人的工作是利用射电望远镜来搜寻太空中的一些像卫星通信的信号。

但是令他们感到很意外的是,他们看到了这样的一个信号:不管把天线对准天空的哪个方向,都会看到一个像雪花屏一样的噪声。刚开始,他们认为这可能是仪器发生了故障,排除各种故障之后,他们发现这个信号仍然存在。于是他们大胆假设,这个信号会不会来自宇宙。

他们请教了当时的一些宇宙学家。那些宇宙学家告诉他们,如果宇宙曾经发生过一次大爆炸,那么根据科学计算,非常有可能会发出他们观测到这个噪声。于是彭齐亚斯和威尔逊就阴差阳错地发现了这个宇宙学里面非常重要的信号,并且在 1978 年获得了诺贝尔物理学奖。

当光子自由之后,电子也就自由了,宇宙里面就开始出现各种各样更复杂的结构。你可能会想象接下来的宇宙里该发生什么了,很可能会想到恒星开始产生,星系开始形成。是这样吗?其实不是。这中间还缺少一个非常重要的阶段,这个阶段叫作宇宙的黑暗时代。

黑暗时代从大爆炸后 38 万年,一直延续到大爆炸结束后大概 4 亿年左右。为什么叫黑暗时代?因为在这个时期,宇宙里面还没有形成可以发光的东西,就是说恒星、行星等都没有形成。听上去,黑暗时代并不是多么的令人激动,但是它也是非常重要的一个时期,因为它孕育了宇宙结构。

在黑暗时代,宇宙里面只有一些由质子和中子形成的中性氢,但是它们也不能发光,当然宇宙中也有一些原始的光子。这个时期就好像一个孩子从少年时期慢慢地成长到青年时期,他可能突然从一个天真无邪的孩子,慢慢变得忧郁,变得安静起来。但这为下一步的生机勃发做好了准备。

黑暗之后自然就是黎明,宇宙迎来了下一个时期,我们称之为宇宙的黎明时期。宇宙里面终于开始有了发光的东西,第一代恒星也开始形成。

随着宇宙温度的下降,宇宙当中复杂的结构开始形成,重的元素也开始慢慢地合成。宇宙里面出现了气体、尘埃,它们在重力的作用下慢慢聚集,形成了一些非常丰富的结构。当有了恒星之后，恒星就会慢慢聚集，进一步形成星系。

但是，结构形成并不是很容易的事情。你可以想象在宇宙里面时刻发生的剧烈的动力学过程，当一个小结构刚刚形成的时候，它很可能会被其他的结构破坏，无法生长。要解释这个现象，就要涉及天文学里面另外一个非常重要的课题，它跟20世纪80年代的一项发现有关。

根据牛顿引力，我们可以想象，当离宇宙中心非常远的时候，旋转速度应该是非常低的。因为那个时候的密度非常低，质量非常小，引力也非常弱。于是科学家们有了一个大胆的猜测，在宇宙里面除了看得见的亮物质以外，是不是还存在着某些看不见的东西？既然能看见的是亮物质，科学家们给这种看不见的物质取名为暗物质。

暗物质的假设可以完美解释天文学家的观测。从另外一个方面来看，暗物质的假设也可以解释我们上面提到的宇宙结构的形成。暗物质就像是一个容器，亮物质可以掉到这个容器里，在这个容器的保护之下慢慢地生长发育。通常，我们把暗物质称作宇宙结构的生命摇篮。

这就好像是一棵小树，刚开始生长的时候，如果每天风吹雨打，它是很难长大的。如果把它绑上一根竹竿，这棵小树在竹竿的保护之下就可以健康地生长。暗物质实际上就起到了保护作用。正是在这种机制的作用之下，今天的宇宙出现了非常丰富的结构。

银河系实际上非常大，它的直径有10万光年，一光年大概是9万亿千米，由此可以想象银河系的巨大。

黎明时期的宇宙充满了丰富多彩的结构，包括了我们从科普书里以及电影小说里面经常看到的黑洞，甚至是虫洞都已经形成。

接下来的宇宙会发生什么呢？最开始我提过，在宇宙大爆炸的初期，宇宙经历了剧烈的膨胀。之后由于物质的产生，宇宙经历了漫长的减速膨胀。黎明时期之后，宇宙又开始加速膨胀了，那么到底发生了什么？

谈到宇宙膨胀，我们先介绍几位科学家。牛顿可能大家都非常熟悉了，他是伟大的科学家，也是数学家、哲学家、神学家、天文学家。牛顿发现了万有引力定律，发现任何两个星体之间都相互地吸引。但是他只是发现了这样一个现象，并没有说明为什么。

在牛顿看来，时间和空间就像一个舞台，星体就像是演员站在这个舞台上，舞台跟演员间没有任何关系。牛顿的绝对时空观就是这样一回事，时间、空间和运动没有任何关系。他成功解释了太阳系内星体的运动，但是却无法很好解释在更大的宇宙里到底发生了什么。

爱因斯坦大家也都非常熟悉了，他可以说是从根本上改变了牛顿对时空的认识。爱因斯坦认为物质的存在使得时空发生扭曲，由于时空的扭曲，两个星体发生了相互作用。这是爱因斯坦认为的引力的根源，他认为引力的产生就是由于时空发生了扭曲。

$E=mc^2$是著名的爱因斯坦方程，曾被印到国外的一列火车上。这个方程背后有非常深奥的数学知识，我们不再去展开了。但是我们可以看到这个方程背后的精髓，实际上就是这样一个等式：

时空曲率＝物质分布

时空的变形在方程的左边，代表的是一个几何量，而方程右边代表物质的分布，它是一个物理量。

在爱因斯坦之前，从来没有人想过时空空间的曲率几何跟物理之间有什么关系，这是爱因斯坦首次把它们联系在一起。爱因斯坦得到这个方程之后非常兴奋，他马上利用这个方程去研究宇宙的演化。

运用这个方程，他发现宇宙有两种可能的演化形式：一种是宇宙将永远膨胀下去，最后将四分五裂，什么都不存在；另外一种是宇宙将坍缩，最后坍缩到一个点。

得出上述结论后，爱因斯坦非常地不安，他觉得这肯定是错的，他根深蒂固地认为我们的时空一定是静态的，宇宙肯定是永恒的，不可能是膨胀或者收缩的。于是他想，能不能通过修改方程使宇宙变得永恒、变得静止呢？

他首先排除了宇宙膨胀。他觉得如果宇宙真的是膨胀的，就没有办法让它停止下来。现在去看，他首先就把正确的解排除掉了。

然后就剩下了第二个解，也就是宇宙坍缩。他想宇宙为了什么坍缩呢？很可能是因为万有引力的存在，使得物质之间互相吸引，影响了时空的结构，那能不能加入一个万有斥力来抵消万有引力呢？

爱因斯坦在这个方程右边加入了一项所谓的万有斥力，通常叫作宇宙学常数。方程就变为

时空曲率＝物质分布＋宇宙学常数

宇宙学常数就是所谓的真空的能量。真空并不是什么都没有，真空是有能量的。爱因斯坦用他的宇宙学常数，成功地把一个宇宙变得静态。在 1917 年，爱因斯坦发表了一篇论文，宣称终于找到了制约宇宙时空演化的规律。

但是好景不长，1929 年英国的科学家哈勃粉碎了爱因斯坦的梦想。他通过天文观测发现，所有的星体都在远离我们，都在后退，并且离我们越远的星体退得就越快。整个宇宙就是一个膨胀的图像，并不是静止的。

1929 年，爱因斯坦看到这个新闻的时候非常懊悔，自己一开始就把正确的解给排除了，然后还画蛇添足地在方程里面加入了一项所谓的宇宙学常数。爱因斯坦在后来的回忆录中说道，加入这个宇宙学常数是我一生当中犯的最大的错误，没有之一。

爱因斯坦于 1955 年去世了，但是这个故事并没有结束。1998 年，科学家们发现宇宙不仅是膨胀的，而且还是加速膨胀的。

各位可以想象，如果爱因斯坦还健在的话，他应该是一个什么样的心情。当年他引入宇宙学常数，是因为他知道宇宙本来应该坍缩，加入了一个斥力，宇宙就能维持静止了。可是他没有想到，宇宙不是坍缩的，而是膨胀的。

大家想一想，宇宙本来就膨胀，加入一个万斥力之后会怎么样？宇宙会加速膨胀。也就是说，爱因斯坦用完全错误的思路，得出了正确的结论。

科学家是怎样了解宇宙加速膨胀的呢？他们是通过一种特殊的星体（超新星）来了解的。超新星被称作宇宙的标准烛光，因为它的亮度和距我们的距离是一个非常清楚的关系，而且我们还可以测量这类星体的退行速度，有了距离和速度，我们就知道了宇宙到底是怎样膨胀的。

这个发现在 1998 年就被评为十大科学进展之首，并在 2011 年获得了诺贝尔

物理学奖。宇宙为什么加速膨胀？背后的物理原因还是不能确定的。

广义来讲,宇宙的加速膨胀是由暗能量引起的。今天宇宙的组成成分比例中暗能量的成分,占宇宙的70%。我们虽然不知道暗能量的本质是什么,但是我们今天已经了解了它的某些性质。

宇宙中,暗物质占25%。直到今天,我们仍然没有找到暗物质存在的直接证据。有一些间接的证据,但是还没有找到暗物质的粒子。但是,如果宇宙里面没有暗物质,星系是很难形成的。

剩下的5%是普通物质。诺贝尔物理学奖到今年已经颁发了100多次了,基本上都是授予了在这5%里面作出贡献的科学家。

大家可以想象一下,5%已经获得100多个诺贝尔奖,剩下95%还有多少诺贝尔奖等着大家去拿。这里面有巨大的发现空间,还有很多我们不清楚的东西。暗物质、暗能量不仅是天文学,而且还是当今科学最重大的课题之一。

我从事暗物质、暗能量这方面的研究,主要利用观测数据来对假设进行检验,并且我们也希望利用观测数据带领我们找到背后的正确理论。

我们是怎么研究暗物质的呢?

先说一个大家都听说过的现象——海市蜃楼。在海平面之下的一艘船,本来是看不到它的。但是由于天气的变化,空气的折射率发生了改变,原本直线传播的光发生了偏折,船就跑到天上去了。

这看起来是非常神奇的现象,在宇宙学里面我们也有类似的现象,叫作宇宙海市蜃楼,或者叫作引力透镜现象。我们可以想象在宇宙的某地方本来有一个星体,它被前面一个很大的结构(一个星系或者暗物质结构)给挡住了。你本来是看不到这个星体的,但是这个结构引起了光线的偏折,光线沿着黄色的曲线传播到地球。地球的仪器(包括人眼)是不会转弯的,我们只能沿着直线反推回去,就以为这个星体在上方或者下方,也就是说一个圆可能会成很多个像。

我们可以用大量数据分析宇宙海市蜃楼现象,去反推中间的物质分布。它不发光也没关系,它是暗物质也没关系,可以反推它的存在。我们就是利用这样的方式来了解暗物质的,并且发现了今天的暗物质大概占宇宙的25%。

暗能量的研究方法其实非常类似于人口普查，只不过我们是对星系进行人口普查。通过观测大量的星系，测量星系的光谱等科学属性，然后对星系的三维分布进行研究。我们发现如果暗能量存在，并且暗能量有不同属性的话，它会改变星系的三维分布。反过来，如果测量星系的三维分布，就能够去了解暗能量到底是什么。

当然，要测量星系的三维分布并不容易，我们在实验室里面测长度可以用尺子，但在太空里面要用什么当尺子呢？这是我们用的一个非常重要的物理学的参量，叫作重子声波振荡。这是一个非常重要的量天尺，它是一个特征尺度，我们用它当作一把尺子去丈量宇宙的几何，然后反过来去推算暗能量的属性。

我从 2009 年参与了一个非常大的国际合作项目，叫作 BOSS 项目，去做重子声波振荡巡天实验。这个项目由来自世界 30 多个国家的包括哈佛大学、斯坦福大学这些大的研究机构在内的 100 多位科学家组成一个合作组。

在今天这个充满爱的日子里，非常幸运我能跟大家一起来讨论宇宙学。最后想用卡尔·萨根的一句话结束我们今天关于宇宙的讨论：在广袤的空间和无限的时间当中，能和你共享同一颗行星、同一段时光，是我的荣幸。

谢谢各位！

第六编

剖析社会　行思致远

当前经济形势分析与经济供给侧改革前景

（2016年4月16日）

陈宗胜*

一、中国当前经济基本面是好的

2015年8月24日出现了世界性股市暴跌，所谓“黑色星期一”，是指平均股指下跌8.49%。其实，星期二和星期三也是“黑色的”。2016年以来，全球股市暴跌，世界其他主要国家和地区的股市也不同程度地下跌。另外，石油等大宗商品价格下降。2015年12月17日，美联储加息0.25个百分点，这是自2008年6月以来第一次经济开始逐渐升温。2015年6月15日至7月9日，中国股市也出现暴跌，沪指从5178点跌到3373点，A股总市值从70万亿元跌到45万亿元，上证指数再跌至3000点以内。今年以来上上下下，始终没有超过3000点，似乎进入熊市。2016年1月8日，人民币“闪贬”5%，震动世界。中国2015年8月后财新PMI初值47.5，创2009年3月以来新低。经济增长速度从两位数下降到一位数。企业普遍感受到压力，日子不好过。于是，人们开始怀疑经济基本面。

我们先简单地就这些现象进行分析：

第一，美国联储升息的动向是切实的，会影响全球，但现在也明确宣布其将放

---

* 陈宗胜，经济学博士，耶鲁大学博士后，南开大学教授、博士生导师，中国财富经济研究院名誉院长，天津市政协常委、经济委副主任。曾任天津市政府副秘书长，协助主管天津市金融、财税、社保、审计等，兼任北京大学、天津财经大学、深圳综发院等机构的特聘教授；研究方向侧重经济发展与收入分配、体制改革与市场化测度方面，获得“孙冶方经济科学奖”及其他国家级和省部级奖励20多项。

慢步伐。第二，中国的股市还不完善，对实体经济影响不大。如果说股市经济晴雨表“春江水暖鸭先知”，那么中国股市还只是一只“小鸭”，还不确切。1994～2014年上证综指与我国GDP增长变化率直观看来相关性并不大。第三，人民币突然贬值，主要是为了适应有管理的货币“一揽子”市场化改革以及应对美国升息的压力，防止外币、外资出逃。在经济下行压力增大的情况下，适时适当地调整汇率，一次到位贬值3%～5%并非不可，特别是顺应汇市市场化的方向和大趋势，摆脱与美元的单一挂钩体制向多元货币篮子转化，这些是必要的，日本等国的专家认为以上调整是可理解且大致适当的。第四，制造业经理指数下降到50%以下，不能全面反映我们的经济情况，因为服务业的增长率不反映在这个指数里面，包括用电指标，运输量等都不能很好地反映。第五，增长率下降到一位数导致企业感受到压力，这是结构调整的结果，以下再讨论。

总的看来，这些不确定现象不能反映经济基本面，基本面是没有问题的。我们应当把认识统一到中央的部署上来。因此，从去年下半年中央和政府召开一系列会议——党的十八届五中全会、中央经济工作会议、关于制定“十三五”规划的会议，直到刚刚结束的“两会”，都为我们廓清了模糊认识，指明了方向。

党的十八届五中全会基本精神有三。一是中国的百年奋斗目标：经济保持中高速，产业迈向中高端，消费对增长的贡献更大，在提高发展平衡性、包容性、可持续性的基础上，到2020年GDP和城乡居民人均收入比2010年翻一番，按中国标准消灭贫穷，生态环境质量总体改善。二是五大发展理念：创新、协调、绿色、开放、共享。三是展现一系列亮点：贫困县摘帽、大数据战略、价格放开、最严格环保制度、初始用能权分配、开放新体制、普及高中教育、全民参保、深化医改、全面放开两孩等十大新亮点。

刚刚结束的“两会”，总结了“十二五”成就，整体经济社会状况是良好的。就经济总体而言，尽管经济增速相比高速增长期有一定回落，但是我国仍处于一个合理的增速区间。

在全球经济持续低迷的大环境下，我国经济仍然保持着较好增长态势（6.9%）。从经济结构看，我国经济正在加速改进、改造和提高。农业比重下降到

10%以下，第三产业超过第二产业，达到50.5%；工业内部结构调整也取得很大进展，集成电路、光电子器件等附加值高、消耗少的产业也在上升。从经济增长的质量看，新技术新兴产品逐步增加，传统消耗型的产业正在得到改造，环境污染情况逐步治理。创新驱动和消费拉动两大新的增长引擎初步形成。从就业、收入、价格方面看比较稳定，没有受到经济下行的影响。2014年我国新增就业人口超1000万，2015年增加1300多万；2015年全国居民人均可支配收入增长9%，扣除物价实际增长7.4%；居民消费品价格上升1.3%，与去年基本持平。消费对经济增长的贡献提高，最终消费支出拉动GDP增长4.2个百分点，贡献率为66%，比去年提高15.2%。从经济周期看，就短周期而言我国面临经济下行的压力还是比较大的，但我们并未出现断崖式的经济下滑和系统性经济风险，即使股市最终落在2000多点，对实体经济影响也不大，我国经济从中长期看仍是健康的。

威海市当前经济社会形势也很好。

经济综合实力大幅提升。坚持稳中求进，推动经济持续稳步发展，2014年，全市生产总值突破2790亿元，“十二五”前四年年均增长10.2%；人均生产总值突破1.6万美元，年均增长9.4%。公共财政预算收入220.8亿元，年均增长14.5%，占生产总值的比重达到7.9%，比2010年提高1.8个百分点。固定资产投资、社会消费品零售总额累计分别达到7090亿元和3955亿元，年均分别增长19.8%和14.7%。

产业转型升级步伐加快。坚持一产抓特色促跨越，二、三产业抓结构上规模，在振兴二产的基础上，促进三次产业在更高层次上协调发展。获批建设国家现代农业示范区，全市规模以上农业产业化龙头企业达到350家，全市规模以上工业企业达到1656家，实现工业增加值1206亿元。全市服务业增加值达到1166亿元，旅游总收入达到384亿元，全市拥有中国驰名商标28件、中国名牌产品19个、山东省服务名牌55个，4家企业和1名个人获得省长质量奖。

城市化发展开创新局面。实施“中心崛起、两轴支撑、环海发展、一体化布局”的城市发展格局，全市城市建成区面积达到272平方公里，成功入选国家新型城镇化综合试点城市。实施六大重点区域开发和四个“三年突破”发展战略，文登撤市设区，临港区获批国家级开发区，南海新区成为山东半岛蓝色经济区的重点海洋经济新区。启动10个示范镇培育计划，其中4个镇列入全省“百镇建设示范行动”示范镇，张村镇被纳入全国首批美丽宜居示范小镇和国家建制镇示范试点。完成1690个村的农村环境综合整治任务。出台户籍管理、公共服务、住房保障等政策措施，推动农业转移人口市民化，不断提升城镇化水平，全市常住人口城镇化率达到61.3%。

蓝色经济区建设纵深推进。借助山东半岛蓝色经济机遇，促进威海向海洋经济强市跨越，荣获“中国休闲渔业之都”“中国海参交易中心”“海洋食品名城”“中国远洋水产品加工与物流基地”等荣誉称号，海洋产业增加值占生产总值的比重达到33%。坚持产业先行，海产品精深加工比重达到80%，专业远洋渔船达到330艘，远洋捕捞产量占捕捞总产量的比重提高到25.1%；成为全国首批8个国家海洋高技术产业基地试点城市之一，4个园区获批成为省级海洋特色园区；加快发展涉海服务业，港口货物吞吐量7110万吨，集装箱吞吐量103万标箱；创建滨海旅游5A级景区1家、4A级景区3家，建成10处国家级休闲渔业基地；大力发展海洋金融投资、担保、保险等业务，在全国率先推出海参养殖气温指数保险。

创新驱动战略深入实施。围绕创新型城市建设，持续开展“自主创新年”活动，设立股权投资引导基金、创投基金、天使基金，科技支行试点范围扩大到3家银行，开展知识产权质押融资试点，全社会研发经费支出占生产总值的比重达到2%。更加注重引导企业加大研发投入，培育以企业为主体的创新体系，省级以上科技创新平台达到260多家，其中国家级19家，全市发明专利授权量年均增长29%以上，五年共取得重要科技成果521项。“十二五”期间，与山东大学威海校区、哈尔滨工业大学（威海）实施校地共建合作项目100多项，建立鲁台产研合作交流中心、仁川创造经济革新中心威海分中心等技术合作平台，实施重大国际合作项目30多项。加大对各类人才的培养引进力度，6人入选国家“千人计划”，33人入选泰山学者（海外）特聘专家，新设立博士后科研工作站6个。

基础设施保障能力明显增强。综合交通运输网络更加完善，全市陆域综合交通网络总里程达到9900公里，其中，公路通车里程7060公里，铁路营运里程

138 公里，管道网里程 2863 公里，荣成、文登、乳山高标准通过“全省村级公路网化示范县”验收；全市港口新建码头泊位 111 个，其中万吨级以上泊位 42 个、5000 吨级泊位 20 个，共开通国际、国内海上班轮运输航线 22 条，威海港新港区三期、四期工程和张家埠新港一期、乳山港扩建一期等工程竣工，威海港国际客运中心、刘公岛客运中心启用；威海机场实现升级改造，共开通空中航线 14 条。能源保障水平大幅提升，建成总装机 136 万千瓦的华能威海电厂三期工程、总装机 91.9 万千瓦的风力发电工程和总装机 3.9 万千瓦的三座垃圾发电站。城乡基础设施进一步健全，全市城镇公共供水普及率达到 100%，建制镇全部建成了污水处理设施，城镇污水集中处理率达到 95.5%，87%的镇通达天然气，68%的镇实现集中供暖，建成“户保洁、村收集、镇运输、县处理”的城乡垃圾集中处理体系，城乡生活垃圾无害化处理率保持 100%。

改革开放实现新突破。把全面深化改革作为根本动力，实施中小学校长职级制改革试点，“市域内义务教育优质均衡发展”“新模式校车运营管理”“义务教育学校管理标准化”3 个项目列为国家试点。扎实推进医药卫生体制改革，完成县级公立医院综合改革。积极稳妥推进农村土地经营制度、农村集体产权制度、农业经营体制、农村金融体系、供销社综合体制等重点改革。实行“先照后证”、注册资本认缴制、“三证合一”“一证一号”等商事制度改革。全面实施关检合作“三个一”口岸通关模式。积极拓展对外开放新格局，威海与仁川自由经济区被选定为中韩自贸区地方经济合作示范区，成为全国首批中欧城镇化伙伴关系合作城市，与荷兰阿克马市、比利时根特市缔结友好城市关系，加快推动威海出口加工区转型升级为综合保税区。大力推进招商引资，全市累计利用外资 45.6 亿美元，年均增长 10.9%，批准总投资过千万美元的外资项目 189 个；累计利用内资 2828 亿美元，年均增长 15.2%。成功举办国际食品博览会、国际渔具博览会、海峡两岸食品博览会等展会，2015 年，预计全市外贸进出口总额 167 亿美元，年均增长 3.8%；积极实施“走出去”战略，全市境外投资中方投资额预计 14.5 亿美元，对外承包工程预计完成营业额 28.1 亿美元，累计外派劳务人员 3.7 万人。

生态文明建设取得新进展。全市生态环境质量指数始终保持优级水平，位居全国前列,成为首批国家级海洋生态文明建设示范区、山东省首个省级生态市,所辖的荣成、文登、乳山成为全省仅有的3个国家级生态市(县)。积极推动生态、生产、生活“三生”共融。在项目建设上,严格执行“产业红线”,严格控制“两高一资”和产能过剩项目,累计拆除大型落后设备18台套、落后印染生产线1条,淘汰落后水泥产能208万吨、纺织印染产能800万米。在资源利用上,出台了规范土地利用、海域使用、沙滩、海岸线保护等意见和办法,促进了资源节约集约利用。在环境治理上,全面开展大气污染防治行动和散流物体运输、弃土堆、燃煤小锅炉、机动车尾气等专项整治,提前实现二氧化硫、化学需氧量等主要污染物总量减排目标,空气质量优良率保持全省首位。在环境监管上,国控、省控和市控企业全部纳入日常自动监测监控管理范围,建立全市环保系统电子政务网和机动车环保检测网络监控系统,主要河流水环境功能区达标率保持100%,城市集中式饮用水水源地水质达标率和近岸海域水环境功能区达标率连续5年保持100%。

民生福祉持续增进。千方百计地增加居民收入,努力缩小城乡差距,城镇居民人均可支配收入达到34254元,农民人均纯收入达到17296元,年均分别增长11.8%和14%。实施积极的就业政策,“十二五”期间,全市累计城镇新增就业22.5万人,农村劳动力转移就业10.6万人。不断完善社会保障体系。各项民生保障政策加速并轨整合,实施城乡统一的居民基本医疗保险制度,将外来务工贫困家庭和支出型贫困家庭纳入最低生活保障,独生子女父母养老补助实现城乡全覆盖。上调居民基本养老保险补贴等标准,提高居民医保、基本公共卫生服务的财政补助标准。各项社会保险覆盖范围不断扩大,2014年城镇职工基本养老、医疗、失业、工伤和生育保险参保人数分别比2010年增长21.7%、14.5%、31.4%、18%、20.3%,城乡居民养老保险参保99.3万人。

社会事业建设取得新成效。办好教育,是全国首批、全省第一个所辖区市全部创建国家“义务教育发展基本均衡县”的地级市,公办及公办性质幼儿园达到75%以上,省、市级示范幼儿园比例达到77%;普通中小学省级规范化学校比例达到60%,中小学远程录播教室、交互式多媒体教室实现全覆盖,农村中小学新模式校车实现全覆盖。加强职业教育基础能力建设,在全省率先实现“每县1所规范化中等职业学校”，畅通中职学生接受高等职业教育和普通本科教育渠道。新创建三级医院7处，实现了每区市均有1处以上三级医院。理顺食品药品监管体制，推进国家食品安全城市和农产品质量安全市创建工作，成为全国肉菜流通追溯体系建设试点城市。启用安全生产网格化监管信息平台。积极推进依法治市，被评为全国“六五”普法中期先进城市。国防动员、人民防空、民兵预备役工作进一步加强。人口计生、民族宗教、妇女儿童、外事、侨务、对台、档案、史志、地震、气象、仲裁、慈善等事业取得新进步。

总之，从全国和威海的形势来看，中国各个层面的经济形势没有大的问题，今后趋势应当是逐步看好的，经济未来走势应是逐步上升的“U”字形。

当然，这不是说经济中没有问题。有问题可以解决，特别是通过供给侧体制改革，能够取得好成就，党的十八届五中全会规定的全面小康社会的目标是可以实现的。

二、加快供给侧改革，力保中高速增长

我国经济逐步进入新常态，经济增长速度不可能总是高速、超高速增长，而是转变为中高速增长。经济结构调整必然伴随着增长速度不同程度的减缓。这是常识。但是，我们也应当清醒地认识到我国经济所处的发展阶段，我们经济社会中还存在一些问题，应当力争保持一个适当的中高速增长率，才能解决这些问题。为什么？

首先，我国还有大量需求没有满足：一是我国人口规模还未达到顶峰；二是我国基础设施还不完善；三是我国城镇化还远未完成；四是我国新增就业压力较大；五是我国居民收入水平稳步提升，有效需求正在稳步增长。综上所述，我们党和国家制定了积极并且较高的增长目标。

今年“两会”上确定了“十三五”的六大目标任务和三大着力点。关于六大目标，一是保持经济中高速增长，推动产业迈上中高端水平；二是强化创新引领作用，为发展注入强大动力；三是推进新型城镇化和农业现代化，促进城乡区域协调发展；四是推动形成绿色生产生活方式，加快改善生态环境；五是深化改革开放，构建发展新体制；六是持续增进民生福祉，使全体人民共享发展成果。关于三大着力

点:一是牢牢抓住发展第一要务不放松,二是大力推进供给侧结构性改革,三是加快新旧发展动能接续转换。

1.供给侧改革提出的背景

我们以上的分析表明,经济进入增长方式转型的过程中,继续依靠出口和投资这两大需求拉动已经不可能了。这几年大家议论要转向消费需求的拉动。但是30多年里,排浪式的消费重点从食品、服装、手表、自行车,到收音机、电视机、电冰箱、空调机,再到汽车、住房、旅游,目前由于收入水平提高和收入差距拉大,这种消费波浪似已消融在了多样化的“沙滩上”,转变为到国外购买坐便盖、高档手表和包包等奢侈品了。于是,这提示人们重视经济的供给方面,即认为我国经济问题出在了供给侧,是有效供给不足够,消费需求被抑制。

2.什么是供给侧

我们知道,从总体上看,经济增长率是由经济总需求和总供给的交叉决定的,或者说是由均衡点决定的。需求和供给就构成经济运行的两个方面,或者说两个侧面。“侧”,就是方面、侧面。“需求侧”就需求方面。需求方面包括投资、消费、出口,现在是投资、出口都出现问题,消费也受到抑制,那么转而求助于供给侧是有一定道理的。

供给侧,就是供给方面,主要由一些生产要素组成,包括土地、劳动、资本、科技,供给侧出问题就意味着这些要素包含的经济潜力无法充分发挥出来,不能够提供足够的有效供给。但是供给侧问题的具体表现是什么,如何解决之,需要深入研究。我们分析一下,供给侧存在问题的具体表现,或者说我国经济增长过程中存在哪些不足,然后说明怎么通过体制改革克服这些缺陷,以促进经济保持中高速增长。

3.我国经济供给侧存在问题的若干表现

我国经济增长的供给侧存在若干缺陷或不足。我们可以通过提出一个问题来引起思考,即为什么在发达国家有1%的增长速度人们就过得很好,而我国就必须保持中高速增长才成呢?或者说,为什么处在高收入阶段国家的增长速度快些慢些对老百姓的生活影响不大?如美国人在前几年全球性严重危机中,其生活水平几乎没有受到很大的影响，但是欧洲有些国家就不一样了，所受影响要大得多。在我国也是如此，同样的增长速度下降，会更大程度地影响到人民生活。基本原因还在于我国经济仍处于发展中阶段，因而在GDP增长中经济的供给侧存在着一些明显的缺陷或不足，要消除这些缺陷就需要减成本、增效益、补短板、调结构、减库存、降产能。

(1)我国经济增加值的质量还有待提高。我国同样数额的GDP的质量与发达国家是不一样的，比如同是新增加了一亿元的GDP，其物质财富内容是不一样的，都是新增的价值，但是发达国家的增加值中所包含技术含量和其产品的质量是不一样的。就是说从其物质财富质量内容看，同样价值的GDP，发达国家可能服务更多人口，或服务同量人口有效时间更长。

(2)我国经济的匹配性还比较低。我国经济中同样数额的新增GDP的匹配性与发达国家也不同，这是许多人没有认识到的问题。所谓"匹配性比较差"，就是因为我们经济中产品因结构不合理无法实现其效用，无法实际被消费或被使用，有些产品生产得过多，而有些产品又可能过少。决定水桶容量的是最短的木板。所以这样就意味着有些新产品虽然是生产出来了，但是实际上无法使用和消费，就只能在仓库中存放着。这也是我国经济中库存量较大的一个原因，是实际GDP增量中应当折扣的一部分。

(3)我国经济还属于过重型经济，从GDP的结构来看，我国经济还是重型结构、"汗水型"、资源消耗型，不像发达国家的是轻型、知识型结构，把具有智慧的人才转到新行业就可以了。而重型结构、资源消耗型结构在必然发生也必须推进的结构转换过程中损失相对更大，因为有些硬件装备是转不到新行业的，资源是不可再生的，而低端劳力要转移也必须花费相当人力资本才能成功，这些都是GDP的缩减因素，需要新的替代。

(4)我国经济增加值中包含较大的补偿性。我国经济中新生产的产值，往往有很大部分是补偿性的，即是往年所生产GDP伴随的破坏性伴生现象的补偿。因为产品质量问题，我国经济财富的积累要缓慢一些。有些几年前建设的公路、高速路、场房、居民住宅等，由于规划问题或质量问题，很快就被推倒或扒掉再建，据最新资料我国每年因拆除房屋就得浪费4600亿元。另外,我国各类城市的城区地下多重管网往往是挖了埋、埋了又挖,这在各城市中是非常普遍的现象。这些伴生现象都是在创造新的GDP过程中产生的破坏现象,实际上都需要扣除,需要用新的GDP来补偿的。这个量有多大,可以通过一定方法给以大致估计。

(5)我国经济的人均增长基数仍然较小,致使选择性也较小。我国经济总量已经达到10万多亿美元,为世界第二大经济体,因此我国经济现在增长一个百分点,与我国过去相比其新增绝对量是大多了,比如,今年增长一个百分点的GDP含量,相当于五年前的1.5个百分点,相当于10年前的2.6个百分点。但是与发达国家比较例如同美国比较,我国经济的基数还是小得多了。我国现在人均GDP为6000多美元,美国是50000多美元,是我国的10倍;我国的人口数量是美国的5倍,所以人均量就更小得多了。人均量小,自然就使选择性受到限制。

以上,就是我国经济供给侧存在的问题的表现。这些问题的存在说明我们还是发展中国家。当我们还是发展中国家时,以上这些问题都是客观存在的,即GDP增长质量较低,匹配性较差,结构不适当,折扣较大,补偿性较多,选择性较小,基数较小。当然,伴随着经济指标逐步向发达国家靠拢,这些供给侧的问题也就不存在了。所谓"发达"的含义之一,就是要克服这些问题,不克服也进入不了发达国家的行列。而一旦完成发展阶段的升级转型,我们的经济也就可以负担、承受较低的增长速率了。

4.加快体制改革,克服供给侧问题,保持稳增长

如何克服供给侧存在的以上问题,可能是一个复杂的过程。从一些基本方面看,除了继续保持出口增加、消费扩大等需求侧的拉动外,对影响供给侧的各要素效率的激发都要采取改革措施。土地的供给涉及农民利益及房地产业,因而与农村改革和房地产市场改革有关;劳动素质提高需要投资教育培训,提高人力资本积累,劳动者数量依赖于生育政策和养老体制的改革;资本的积累与资本市场、金融体制的改革紧密相关;而科技的供给则直接依赖于科技创新体制、教育体制、分配体制等的改革深化。

这样看来,供给侧的问题主要应当依靠体制改革来解决。"这是一场硬仗。"但

是，在如此千头万绪的多种改革中有没有一个主要线索，可以作为“目张”的大纲来举起或把握呢？这个线索就是资本形成体制的改革。

实际上在供给侧，土地的有效供给、人力资本提升、科技水平提高都离不开相应的资本形成和供给，而各种资本的积累都是通过投资形成的。这样一来，供给侧的问题还必须通过与需求侧的结合、联动来解决，因为投资在短期内的确形成需求拉动，但是在投资周期完成后就是资本的积累和生产能力的提高了。这个分析思路中对投资的关注，注重的不是投资对当下需求的拉动作用，而更注重的是增加今后的有效生产能力及其产生的有效供给量。所以，抓住了投资及投资体制的改革就是抓住了牛鼻子。通过投资体制改革确定了投资方向、投资主体，增加了有效投资量，供给侧的问题即可解决，经济即可保持稳定增长。

要特别给予解释和说明的是，通过体制改革所引致的投资增加，与通过增发货币刺激增加的投资是不同的，前者属供给侧的措施，后者则是需求侧的政策。

我们都知道，凯恩斯主义就是主张通过增发货币来刺激投资需求，通过通货膨胀来拉动经济增长，是典型的需求侧政策。而我们主张的通过体制改革来促进投资增长，没有改变现有的需求总量，是现有投资资源的结构优化和有效利用，是促进供给侧潜在生产能力的有效释放。比如要针对并解决供给侧存在的上述问题，减成本、增效益、补短板、调结构、减库存、降产能，必然要求新的投资，没有投资增加，其中任何环节都是不可能完成的。而这实际上就是对现有劳动力、资源、技术进步的投资，都是意在增加有效供给能力的，因而是供给侧政策。即是说，基本战略是加速推进体制改革，通过改革来调整、确定和摸准投资方向，向改革要投资额的提升，以改革推动投资规模扩大和投资效率的提高，唯此才是健康、可持续的。

(1)加速企业体制改革，推动投资/经营结构调整。企业改革的核心是使企业特别是国有企业按利润导向投资，按需求导向经营，而不是按行政旨意。比如今年上半年我国冶金行业利润下降36%、煤炭行业下降60%，按此必会引导企业减少投资传统行业。“去产能”，转出能源消耗型产业，减少环境污染，转而加速有需求的创新投资，推动结构改进。比如近年第三产业的产值已经超过第二产业的产值，又如北京、天津等一线城市的写字楼使用率今年持续提高，其中65%被科技创新企业占用。这都是企业体制中的核心导向体制改革的结果。

(2)继续推进行政体制改革,增加投资主体。下力气推广各地自由贸易区中取得的行政体制改革经验,简政放权,简化手续,推动创业创新,“减成本,增效益”。比如天津政府推出的富有特色的“十个一工程”(一颗公章管审批,一个队伍管执法,一个号码管服务等),由于简化手续,全国这几年每年都有几万多新企业主体注册产生,即投资主体大大增加。

(3)推进税收体制改革,增加各地方政府和民营企业的投资积极性。改革现行税收体制和政策,应当进一步完善分税制,中央层面可适度增加一些涉及全局均等化的事权和支出责任,而各地方政府则应当适度增加收入分享权,“增活力”,把影响各地区基础设施建设的税收种类划归地方,减少地方政府对卖土地和房地产财政的依赖;同时,也应当对中小企业减免税收,“减成本”,让利于民营企业,推动其增加投资,促进有效供给增长发展。

(4)改革金融管理体制,发展草根金融,支持草根经济。改革草根金融的管理制度和办法,大力发展民间银行等小金融机构。这是基础,也是逻辑起点。我国的金融制度是借鉴外来的,借鉴了外国发展几百年形成的大银行、大保险、大证券机构,但这种金融市场状况缺乏底层基础,必须要补上草根金融这一基础。

我们的金融管理体制不能只维护大的银行、高端期货市场、股票市场。据美国独立社区银行家协会(Independent Community Bankers of America,ICBA)统计,美国的“社区银行”占据了银行业的绝大部分,包括小型商业银行与各类储蓄机构,如互助储蓄银行、储蓄贷款协会、信用合作社等在内,目前总数已超过6500家,占美国银行总数的96.8%。而我国的中小银行只占银行业总体份额的23%,未来缺口在3000~4000家之间。所以,要大力发展民营、中小型金融机构,“增活力,增效益”,如此中小民营经济才能有发展的条件,其增加有效投资才有来源。

(5)加大推进混合所有制改革的力度。不能以甩债务包袱、处理垃圾的心态,只把一些无法继续经营的公有企业安排让民营企业购买,让民营企业并购一些烂账,如此混合即使依靠行政命令推行了也不会成功。反之,应当“靓女先嫁”,以优质国有资产吸引社会资本、民间资金投入公有经济,推动国有企业改革,使国有企业投资“增活力，减产能”，增加有效投资及有效供给。

(6)加快教育科技体制改革，增加人力资本积累，提高科技贡献率。传统行业由使用简单劳动力，向新的高技术水平的行业转投，需要大量专业培训和专门的职业教育，增加大量技术蓝领劳动者。科技市场也需要进行相应改革，鼓励创新与专利，鼓励科技产业化。这需要向教育科技领域大量新投资，“增效益，提质量”，提高匹配性，减少“补偿性”。否则不可能改善供给侧存在的问题。

(7)加快户籍制度改革、社会保障体制改革、土地制度改革，推进城镇化。这是一系列深刻的社会化基础设施改革。这些改革必带动房地产“去库存”，公共服务、城市基础设施“提质量，增效益”，家具、装修等行业的大量新的有效投资，推动供给侧有效供给。

(8)努力为地方政府创造宽松的政治环境，鼓励其制度创新推动投资及有效增长。过去30多年中国经济增长得以实现，其中重要一环是紧贴企业并了解市场又善于“制度创新”的地方政府的努力工作，同时也在招商引资方面下了大功夫。目前的政治氛围清理和社会环境改革都是绝对必需的，应当逐步通过制度化使改革结果更加具有包容性，而不是使地方政府谨小慎微，不敢作为。相反，应当为地方政府提供宽松的政治环境，鼓励其大胆进行制度创新，吸引投资，提高经济效率，推动经济有效增长，如此等等。

总之，相信通过以上各种供给侧的体制改革举措，必激发出企业和市场的活力，激发投资积极性，改革我国经济供给质量、产品结构，提高匹配性和选择性，减少破坏性，降低补偿性，提高基数，从而推动经济进入新一轮持续性中高速增长，完成我们民族振兴、中华崛起的伟大历史任务。

常见疾病预防与健康体检

(2018年10月13日)

王毅力*

20世纪70年代,美国著名心血管病流行病学专家斯坦勒(J. Stamler)通过对照研究证明:限盐、运动、戒烟、减重可以使高血压发病率下降55%。世界卫生组织(World Health Organization,WHO)通过一系列研究表明:健康生活方式可使高血压下降55%,脑卒中减少75%,糖尿病减少50%,肿瘤减少33%,总体上慢性病减少一半。

1996年美国疾病预防与控制中心报告:如采用医疗方法,要使美国人均寿命延长一年,就需要数百亿至上千亿美元,而如果采取健康生活方式,则不用花多少钱就可以使美国人均寿命延长10年,而且生活质量、幸福指数大大提高。2008年7月,美国发表研究报告:对8万名35～59岁的妇女从1980年至2004年的连续24年前瞻性研究表明:健康生活方式可使中年妇女死亡率下降55%,效果显著。

一、常见传染病的防治

(一)流行性感冒

流行性感冒简称流感,是流感病毒引起的急性呼吸道传染病,也是一种潜伏期

---

* 王毅力,威海市立医院血液科主任、主任医师。担任中华医学会山东分会血液病专业委员会委员,山东省诊断学专业委员会委员,威海市血液病专业委员会主任委员,滨州医学院内科学兼职教授。从事内科及血液病专业的临床工作。能够系统熟练地掌握内科疾病的诊疗方法,尤其对血液系统疾病有较深入的研究,对疑难危重病人的诊治也有较丰富的临床经验,多次参与院内外会诊,解决本专业的医疗难题。发表医学论文10余篇,出版专著3部,获市科技进步二等奖1项。

短、传染性强、传播速度快的疾病。

主要通过空气中的飞沫、人与人之间的接触或与被污染物品的接触传播。

流感病毒致病力强，易发生变异，若人群对变异株缺乏免疫力，易引起爆发流行。

1.病毒特点

人类流感病毒分为：甲型(A)、乙型(B)和丙型(C)。甲型(A)又分为若干亚型。

曾在或正在人群中传播的亚型：甲1型－A(H1N1)；甲2型－A(H2N2)；甲3型－A(H3N2)。

禽类和哺乳动物流感病毒(如H1N1、H5N1、H7N7、H9N2、H7N9)偶可感染人类。有的可演变为人类流感病毒，并引起大流行。

2.流行病学特点

易感性：各年龄组普遍易感，且无性别差异；季节性流感儿童感染率高；潜伏期短，1～4天，平均2天。

传染性：患者发病前1天至病后5～7天或症状完全消失，呼吸道分泌物、体液和排泄物具有传染性；幼儿或免疫抑制病人排毒时间更长；体温越高，排毒量越大。

3.临床特点及治疗症状、体征

发热或寒战、咳嗽、咽痛、流涕或鼻塞、肌痛或全身痛、头痛、乏力等，部分患者(更常见于儿童)可出现呕吐和腹泻；并发症包括细菌性肺炎、中耳炎、鼻窦炎、脱水及心脏病、哮喘、糖尿病等慢性病的加重。

4.治疗

卧床休息，多饮水，对症处理：退热、抗感染——奥司他韦

5.预防切断传播途径

(1)流行期间，尽量减少集会或集体娱乐活动，特别是老弱病残易感者，注意保持室内空气流通，加强公共场所消毒。

(2)医护人员戴口罩、洗手、防止交叉感染。

(3)患者用具及分泌物要彻底消毒。

6.预防接种

(1)原则上,接种单位应为≥6月龄所有愿意接种疫苗的人提供免疫服务。

(2)优先推荐患流感后并发症发生风险较高的人群以及有较大机会将流感病毒传播给高危人群的人员接种。

7.患流感后发生并发症风险较高的人群

孕妇及计划在流感季节怀孕的妇女、5岁及以下儿童,尤其是2岁及以下的婴幼儿、60岁及以上老年人。

心血管疾病(除高血压)、慢性呼吸系统疾病、肝肾功能不全、血液病、神经系统疾病、神经肌肉功能障碍、代谢病(包括糖尿病)等慢性病患者。

患有免疫抑制疾病或免疫功能低下的成人和儿童(包括药物或HIV感染引起的免疫抑制),长期居住在养老院和慢性病康复机构的人员。

8.接种禁忌

(1)对鸡蛋和任何一种疫苗成分过敏的人群。

(2)中度或重度急性发热的病人。

(3)曾患格林巴利综合征者。

(4)其他情况宜咨询医生后,再行接种。

(5)其他禁忌证、注意事项等详见疫苗说明书。

9.接种时机

通常接种流感疫苗2周后,可产生具有保护水平的抗体。为保证受种者在流感高发季节前获得免疫保护,建议各地在获得疫苗后尽快安排季节性流感疫苗接种工作,争取在11月底前完成重点人群接种。

我国大多数地区,针对个体的疫苗接种服务可贯穿10月至次年3月的整个流感高发季节。华南地区存在秋冬季和次年夏季(7～8月)两个流感流行高峰,针对个体的疫苗接种服务可持续至次年夏季流感高发季节。

(二)病毒性肝炎

病毒性肝炎是由多种肝炎病毒所致的一组以肝脏损害为主的常见传染病。

病原分型:甲、乙、丙、丁、戊;临床分型:急、慢、重、瘀等。

1.传播特点

肝炎病人和未发病的“病毒携带者”是传染源。甲型和戊型主要通过粪便污染的食物和水，经消化道传染；乙型、丙型和丁型主要通过血液或血制品传播，唾液、精液等分泌物也可传播。几乎所有人群均是病毒性肝炎易感者。

2.主要临床表现

乏力，食欲不振，恶心，腹胀，肝肿大，肝区隐痛，压痛，肝功能异常，部分患者有黄疸(甲型多见)。

3.治疗

适当休息，合理营养，辅以药物对症治疗和护肝疗法。

抗病毒治疗：乙肝、丙肝。

4.预防

(1)注意饮食和饮水卫生。

(2)加强粪便管理，防止污染食物和饮用水源。

(3)注意个人的卫生习惯，饭前便后要洗手。

(4)加强血液及血制品的管理和使用。

(5)加强医疗器械的消毒。

(6)接种肝炎疫苗：甲型与乙型肝炎疫苗。

(三)结核病

结核病是由结核菌入侵人体引起的一种慢性传染病，可以发生在人体的任何部位，其中以肺部最为多见。

结核病是20世纪严重危害人类健康的主要传染病，是全球关注的公共和社会问题，是我国重点控制的主要疾病之一。20世纪60年代起结核病化学治疗成为公认的控制结核病的主要武器，使新发现的结核病治愈率达到95%以上。

全国约有5.5亿人感染过结核杆菌，现有活动性肺结核患者约450万，每年新发病例约130万，每年因患结核病死亡的人数达13万人。20世纪80年代中期以来，结核病出现全球恶化趋势。

1.客观病因

HIV 感染的流行；多重耐药的结核分枝杆菌感染的增多；贫困；人口增长；移民。

2.主观病因

缺乏对结核病流行回升的警惕性和结核病控制复杂性的深刻认识。放松和削弱对结核病控制的投入和管理。WHO 于 1993 年宣布结核病处于“全球紧急状态”。并制定和启动特别项目推行全程督导短程化学治疗。1995 年，确定每年的 3 月 24 日为“世界防治结核病日”。

3.结核病流行病学

(1)全球疫情

全球有 1/3 的人(约 20 亿人)曾受到结核分枝杆菌的感染。WHO 把印度、中国、俄罗斯、南非、秘鲁等 22 个国家列为结核病高负担、高危险性国家。

(2)我国疫情

高感染率；高肺结核患病率；高耐药率；死亡人数多；递降率低；中青年患病多；地区患病率差异大；实施 DOTS 项目的地区患病率低。

4.传播的三要素

(1)传染源

肺结核患者的大量排菌和微量排菌。

(2)传播途径

飞沫传播：通过咳嗽、喷嚏、大声谈话产生微滴排到空气中传播。

(3)易感人群

自然抵抗力：与遗传因素、生活贫困、居住拥挤、营养不良有关。婴幼儿、老年人、HIV 感染者、免疫抑制剂使用者、慢性疾病患者易患。

获得性特异性抵抗力：来自自然或人工感染。山区及农村居民移居城市易感。

5.预防

(1)接种卡介苗

未感染者如新生儿、结素试验阴性的入伍新兵与新学员、新到结核病医疗单位的青少年工作人员、接受肾移植的青少年，均应接种卡介苗。

(2)化学预防

已感染者选择性化学预防如下：

排菌患者的密切接触者，如结素试验阳性（未种卡介苗）的儿童，强阳性的青少年。

儿童、青少年结素试验阳转，成年人结素试验强阳性。

非活动性肺结核有下列情况之一者：①长期大量糖皮质激素、免疫抑制剂、细胞毒素药物治疗者；②放射治疗；③胃切除术前后；④新兵、新学员结素试验强阳性；⑤结核与艾滋病病毒双重感染者，艾滋病患者结素试验阳性；⑥肾移植的受者有结核病史，或有非活动性肺结核；⑦糖尿病合并非活动性肺结核；⑧结素试验阳性的硅沉着病（硅肺）患者。

化学预防应用异烟肼成人 0.3g/d，儿童 6～8mg/(kg·d)，顿服，疗程持续 6 个月。

(3)消灭传染源

痰涂片阳性（涂阳）肺结核是主要传染源，消灭传染源是控制结核病的根本对策。初治涂阳肺结核与复治涂阳肺结核，是化疗的最主要对象。

结核病临床表现结核病的发病不仅取决于细菌的量和毒力，而且还取决于人体对结核杆菌的抵抗力（免疫力）。

结核病的病状比较隐匿，不典型，归纳起来全身结核病中毒症状有低热、盗汗、疲劳、食欲不振、体重减轻、女性月经不调。

肺结核的局部症状如：咳嗽、胸痛、气短、咯血。而其他肺外结核依其侵犯器官、系统的不同而各有不同的局部症状，个别病人无任何症状、偶尔体检时才发现。现代医学认为，结核杆菌侵入人体后是否发病，不仅取决于细菌的量和毒力，取决于人体对结核杆菌的抵抗力（免疫力），在机体抵抗力（免疫力）低下的情况下，入侵的结核菌不被机体防御系统消灭而不断繁殖，引起结核病。

6.结核病治疗及预后

结核病化学治疗原则：早期、规律、全程、适量、联合。整个治疗方案分强化和巩固两个阶段。肺结核的治疗时间至少需要6～8个月。同时必须采用全程督导化疗管理,以保证患者不间断地规律用药。

只要坚持正规治疗,绝大多数结核病患者是可以治愈的。若不及时、不规范、不彻底治疗,最终导致复发、恶化、产生耐药,引发多种并发症而死亡。

7.用药期间注意药物副作用的检测及耐药结核的防治

结核病是一种顽固的慢性疾病,一旦感染发病,若不及时、不规范、不彻底治疗,最终导致复发、恶化、产生耐药,形成难治性肺结核,形成慢性传染源,危害家庭、社会,最终因反复发作引发多种并发症而死亡。

肺结核患者的传染性问题痰液检查证明没有了结核菌的肺结核病人基本上就不会有传染性,在继续治疗期间可以参加正常的社会活动。

刚发现的普通肺结核病人接受正规治疗2～3周后,一般就没有了传染性。患肺结核的学生在治疗取得成效并没有了传染性后,可以经当地结核病专业机构证明继续上学,但需要继续规范服药。如被结核病防治机构怀疑得了结核病应及时到结核病防治机构检查。

8.免费政策

在结核病防治机构检查和治疗肺结核可享受国家的贽用减免政策。免费检查(包括一张胸部X光片和痰涂片检查)。对确诊的结核病人提供免费抗结核药品治疗。

二、慢性非传染性疾病

(一)高血压

1.定义

高血压是指以体循环动脉血压(收缩压和/或舒张压)增高为主要特征(收缩压≥140 mmHg,舒张压≥90 mmHg),可伴有心、脑、肾等器官的功能或器质性损害的临床综合征,是心血管疾病死亡的主要原因之一。2017年,美国高血压指南收缩压≥130 mmHg,舒张压≥80 mmHg。

高血压诊断标准如患者的收缩压与舒张压分属不同的级别时,则以较高的分级标准为准。单纯收缩期高血压也可按照收缩压水平分为1、2、3级。

2.我国高血压的流行特点

我国高血压的流行具有“三高”和“三低”的特点。

(1)患病率高:新近的调查表明,我国35～74岁的人群中高血压患病率已上升为27.2%。

(2)致残率高:目前我国由高血压所导致的脑中风患者有600万左右,其中有75%的人有不同程度的劳动力丧失,40%的人重度致残。

(3)死亡率高:我国城镇人口死因的41%是心脑血管病,其中北京已达51%。

(4)知晓率低:由调查表明,我国人群中仅有53%的人曾测过血压,44%的人知道自己的血压水平。1991年,通过对全国30个省市95万人的调查发现,高血压的知晓率在城市为36.3%,而农村仅为13.7%。

(5)服药率低:城市为17.4%,农村为5.4%。

(6)控制率低:血压控制到18.7/12.0 kPa(140/90 mmHg)以下者,城市为4.2%,农村为0.9%,全国为2.9%。

3.高血压治疗目标和评定指标

已经证明降低血压水平,并长期维持,可以减少靶器官的损害和心脑血管事件及其相关死亡。

(1)非药物治疗:①减轻并控制体重。②减少钠盐摄入。③补充钙和钾盐。④减少脂肪摄入。⑤增加运动。⑥戒烟、限制饮酒。⑦减轻精神压力,保持心理平衡。

(2)抗高血压药物治疗:启动治疗根据血压水平和心血管危险水平共同决定。具体应遵循4项原则,即小剂量开始,优先选择长效制剂,联合用药及个体化。

高血压治疗的目标是血压达标,以最大限度地降低心脑血管病发生和死亡总危险。降压治疗的目标血压有明确规定,老年高血压的降压治疗的收缩压目标＜150 mmHg。一般高血压降压治疗的血压目标为血压＜140 mmHg和(或)＜90 mmHg。糖尿病、脑血管病、稳定性冠心病、慢性肾脏病患者(均为高危)血压降至130/80 mmHg以下。

一般情况下,1～2级高血压争取在4～12周内血压逐渐达标,并坚持长期达标;但患者耐受性差或老年人血压达标时间可适当延长。血压尽早达标有利于减少心脑血管事件。

4.高血压药物治疗的时机

经随访观察后,一般高血压的血压水平≥140/90 mmHg,高危患者血压水平≥130/85 mmHg 即开始药物治疗。

(二)糖尿病

1.定义

是一组以高血糖为特征的代谢性疾病。高血糖则是由于胰岛素分泌缺陷或其生物作用受损,或两者兼有引起。糖尿病时长期存在的高血糖,导致各种组织,特别是眼、肾、心脏、血管、神经的慢性损害、功能障碍。

最新研究 2010 年中国成人患糖尿病的情况,从成人患病率上看,中国(11.6%)与人们印象中肥胖问题非常严重的美国(11.3%)不相上下。

糖尿病已成为中国的主要慢性病之一,这也说明中国糖尿病控制形势不容乐观。糖尿病不但增加了患者及其家庭的医疗成本,而且还给国家医疗系统造成很大负担。大部分国家在糖尿病及其并发症的医疗花费占全部医疗成本的 5%～20%。预计到 2040 年,这个成本会增加 19%,超过 7500 亿美元。2015 年,中国糖尿病相关的医疗花费总计 510 亿美元,仅次于美国,位居世界第二。

2.糖尿病的高危因素

(1)有糖尿病家族史者应定期检查。

(2)超重或肥胖,特别是腹型肥胖者。

(3)有妊娠糖尿病或曾分娩巨大胎儿(≥4kg)的妇女。

(4)患有高血压、冠心病、脑梗死等心脑血管疾病的人群。

(5)血脂异常。

(6)有不健康的生活方式,包括多食少动、吸烟、饮酒、作息不规律的人群。

(7)曾经发现血糖偏高或尿糖阳性者,如单位体检,或因其他疾病化验时发现血糖异常,应进一步检查。

(8)长期服用糖皮质激素、利尿剂、抗精神分裂症及躁狂抑郁症等影响糖代谢的药物者。

(9)多囊卵巢综合征患者。

3.糖尿病的治疗

(1)糖尿病的教育与心理治疗:其主要目的是让糖尿病病人真正懂得糖尿病,知道如何对待和处理糖尿病。

(2)糖尿病饮食治疗:使糖尿病病人做到合理用餐,给糖尿病的其他治疗手段奠定基础。

(3)运动治疗:让病人长期坚持适量的体育锻炼,保持血糖水平的正常和身体的健美。

(4)糖尿病的药物治疗:在单纯饮食及运动治疗不能使血糖维持基本正常水平时,适当选用口服降糖药或胰岛素,并根据临床需要,服用降压、调脂、降粘及其他药物,使病人维持全面正常的状态。

(5)糖尿病的病情监测:使病人定期得到血、尿各项指标,心电图以及眼底检查,以期仔细了解病情,指导治疗。饮食:碳水化合物 50%～60%,脂肪<30%,蛋白质 20%。

(三)肿瘤

1.癌症早期征兆

(1)发现硬结或硬变,例如乳房、皮肤、淋巴结等。

(2)疣或黑痣有明显变化及难治性皮肤病变。

(3)持续性消化不正常、声音嘶哑、干咳及吞咽困难。

(4)鼻、耳、膀胱或肠道不明原因的出血,月经期外的出血。

(5)不愈的伤口,不消的肿胀。

(6)原因不明的体重减轻。

(7)不明原因的骨痛或病理性骨折。

(8)不明原因的贫血、发热、皮肤瘀斑。

(9)不明原因的血栓。

2.癌症是不治之症吗

癌症严重威胁居民健康，这也使很多人“谈癌色变”。但癌症并不意味着死亡，随着对癌症危险因素的认识不断深入以及早期诊断和治疗水平的提高，癌症不再是“不治之症”，而是可防、可控的慢性疾病。世界卫生组织指出，大约40%的癌症是可以预防的，40%是可以通过及早诊治而治愈的，20%是可以长期带瘤生存的。

三、抗生素滥用对健康的危害

大量使用抗生素会带来较强毒副作用，直接伤害身体，尤其是对儿童听力。抗生素用多了会使细菌产生耐药性，使抗生素药物效果变差，甚至无效。

使用抗生素的正确方法：(1)用药指征明确；(2)针对性要强，最好选用一种药物；(3)剂量要足、疗程要够；(4)掌握既往用药反应；(5)选择适宜的给药方法；(6)按医嘱用药；(7)有肝肾功能损坏者用药宜慎重。

四、健康体检的意义

(一)健康体检的意义

中华人民共和国卫生部2009年8月5日颁布卫医政发〔2009〕77号文件《健康体检管理暂行规定》提出“健康体检是指通过医学手段和方法对受检者进行身体检查，了解受检者健康状况、早期发现疾病线索和健康隐患的诊疗行为。”

随着时间、年龄、生活、工作节奏的加快和心理压力的增加，很多疾病的发作呈现出年轻化趋势。而对于很多疾病来说，能否早期发现，及时治疗，是决定预后的关键。如早发现的一期食道癌五年存活率是90%～95%，早期肺癌和早期肝癌同为70%，早期发现宫颈癌存活率也可达到90%。

通过体检早期发现亚健康状态和潜在的疾病，早期进行调整和治疗，对提高疗效、缩短治疗时间、减少医疗费用、提高生命质量有着十分重要的意义。花一些钱投资在健康体检上，早发现、早预防、早诊断、早治疗自然是最经济实惠的办法。

(二)健康体检项目的选择

可按不同的年龄、性别、职业、身体情况等度身设计个性化体检方案。如知识分子注意心脑血管疾病和亚健康状态，体检项目的设计应针对高血压、冠心病、糖尿病、脑血管疾病、青光眼、更年期综合征和肿瘤。

不同年龄的体检切入点应有所区别，如中年人要强调血压、血糖、血脂检测，早期肿瘤的监测和眼底及前列腺检查。而老年人需定期检测的项目应该有体重、血压、眼底、CT、甲胎蛋白测定、肿瘤标志物、大便潜血试验、肛门指检等。

另外根据需求推出自助式体检模式，想检查什么项目由客户自选，避免了不必要的浪费。

五、保健与保险

保健指为保护和增进人体健康、防治疾病，医疗机构所采取的综合性措施。养生，指合理选用养精神、调饮食、练形体、慎房事、适寒温等保健方法，通过长期的锻炼和修习，达到保养身体、减少疾病、增进健康、延年益寿目的的技术和方法。

简而言之，所有促进健康、延长寿命的活动都是养身活动。

一个资深记者的成长之路

（2016 年 12 月 9 日）

张　寒*

非常高兴来到威海和同学们做交流，因为做传媒的人是特别喜欢和年轻人交流的。大家都知道，现在传播方式等都发生了巨大的变化，但是年轻人对信息的吸取和选择决定了传媒，因为你们才是未来。

我今天讲的题目是“一个资深记者的成长之路”。大致会分为两个部分：一是关于“传统记者的武器”，进入新媒体应该必须具备的技能。二是我做《每日人物》也差不多快 10 个月的时间了，我有一些体悟和感受希望传达给大家。

先给大家分享一句话。从 2005 年毕业进入《新京报》，到 2015 年 8 月离开，我差不多做了 10 年的记者，一直在一线。做记者给我带来最大的满足就是下面这句话：“没有人能比记者更堂而皇之、毫无遮拦地走进别人的生命”，做记者可以满足一个人最大的好奇心。

其实我经常遇到这样的问题，很多人跟我说现在真的还需要专业的记者吗？在这个自媒体充斥的年代，是不是做记者已经没有意义了？

---

* 张寒，本科、硕士分别毕业于山东大学新闻学专业、北京大学中文系。原《新京报》深度报道部副主编，现为《每日人物》执行主编，同时负责今日头条深度运营。擅长人物报道，尤其是小人物的细腻描写，曾获得《新京报》年度人物报道金奖。2005 年进入《新京报》，从跑热线、突发事件新闻开始做起。十年间，大多数时间她都在从事深度报道，同时负责《新京报》旗下微信公众号“剥洋葱”的运营。她在文章中对于小人物方面的细腻描写，更是让同行和读者印象深刻。2013 年 7 月，张寒采写的《隐秘“大师”王林的金钱王国》一文，向世人揭开了王林不为人知的内幕。随后，王林开始陷入争议并倒下神坛。代表作有《隐秘“大师”王林的金钱王国》《从撞人到杀人——药家鑫的蜕变》《张海超：开胸验肺，我只想活下去》《诺奖后，高密的莫言效应》等。

对我来说,现代技术的发展其实是给记者一双更大的翅膀。更多的信息来源,更多的技术手段,可以让记者走得更远,走得更深。

记者这个行业是有一些立身之本的。你只有依赖这些立身之本,你才能在这个行业里做下来,让别人认可你是一个优秀的专业记者。

首先就是判断。不知道大家有没有关注“白银连环杀人案”,这在几个月前是一个非常轰动的新闻。在白银有一个连环杀人犯隐藏了 20 多年,在前一段时间突然被抓到。《每日人物》当时作了两篇报道,《独家对话白银连环杀人案疑凶长子:可恨之人必有可怜之处》和《这是白银案里最悲伤的故事:愤怒、悲伤和爱》,得到了很多人非常好的反馈。我们能在非常短的时间里作出两篇让业内其他人非常信服的报道,原因就在于我们这个团队有着充分的判断力。我们在第一时间收到这个推送的时候,五分钟之内就建立报道群,半个小时之内就确立了 ABCD 四种报道方案。在制订方案的同时,我们的记者在 6 个小时之内就赶到了高承勇的小卖店。17 个小时内就采访到了高承勇的大儿子。这种速度就是传统媒体的判断力和新媒体的结合。在一个重大事件中你是否能够占得先机关键在于长期积累的判断。

另一个例子是我作的关于王林的报道。当时王林这个事情出来的时候没有人知道王林是谁,他偏安江西的一个小县城,远离人们的视野。只是在论坛上爆出了一张照片引起了我们的注意。

当时我和我们的主编商量这个事情有没有做的必要,或者说有没有一个深挖的意义。最开始的时候我们是无从判断的,因为只有一张照片,我不知道王林是谁。在网上搜到的也是很久远的资料。但是什么让我决定去做这个选题呢?首先是名人效应,20 世纪 90 年代是气功大师非常盛行的年代,到后来就不见踪影了。但是这个气功大师可以和赵某、马某以及李某杰出现在同一个相片里,这就具有了名人效应,这对新闻来说是非常重要的。另外是有关于大师背后的社会心态。我们常常会想科技已经如此发达,还会有这样的名人和他交往,那这背后到底隐藏着什么?最后一个原因就是直觉和警惕。《新京报》是作过很多大师的报道的,我们对“大师”这个称号是有警惕性的,一旦出现大师这个词,往往后面隐藏了一系列的推手,也有一些不为人知的社会生态的秘密。所以当时在没有王林的任何资料的情况下，我就自己飞到了江西，找到了王林的家，果然发现其背后有着各种关系，最后出了《隐秘“大师”王林的金钱王国》的报道，同时也算把王林扳倒了。

其次，就是决断，决断是判断的下一步。有的时候我们对一件事情有判断，但其实我们还是要对这个事情作进一步的决断。我恰巧参与了三次地震的报道。第一次是汶川，第二次是玉树，第三次是雅安。这三次地震给我一个非常大的启示就是，做记者要敢于决断。2008年，我刚当记者的时候，经验不是特别丰富，对采访特别没谱。2008年5月17号我作为报社的第二批记者到了北川，我在现场发现我陷入了一个选择的恐慌，在这个巨大的灾难面前，我看到了死人，看到了悲伤，看到了很多很多东西，但是我没办法把它凝练成一个故事，感觉迷失在昏暗之中。在前两天我就像一个孤魂野鬼一样一直在游荡，没有办法把握住方向。后来我发现我不能这样了，对于一个记者来说时间是最宝贵的。于是我分析了一下形势，在北川已经有我们几个同事在，很多故事就向他们靠拢，我作为一个刚刚去的人没有办法深入。但是我在报纸上看到青川有一个乡在地震的时候整个被毁掉了，有一个报道说会让整个乡迁移到浙江去。我发现这是一个可以作深度报道的故事，迁徙是故事的母体，在这过程中人们会遭遇到各种各样的故事。那么我面临的选择是，如果我离开北川到青川，那个地方交通封闭，两三天才能赶到。若到了之后发现这个故事不是我想象中的那样，我又错过了北川的报道机会。我找到这一群人，跟他们坐着卡车离开家乡到新的地方，分地分房子。那这样我就写出了一篇相对有深度的报道。所以，其实每个人面对选择的时候都有恐慌，在一个重大突发事件面前需要你不断地去作决断、不断地去像钉子一样扎下去，不急不忙地把一个故事展开。另外就要记住愿赌服输，每一个决断的最终结果可能并不会使你满意。当时在雅安地震的时候，我面对这样一个选择。一个是留在巫溪做采访，另一个是去当时环境下可能更严重的宝兴。当时那里还没有人进去过，不知道里面的灾情是什么样子的。我选择走进宝兴，因为对一个新闻人来说，位置是更有挑战性的。最终，我输了。走进宝兴我发现虽然那里地势很险。但是整个县城的构造避免了更大规模的伤害。但是我做这件事情从来没有后悔，因为做新闻运气也很重要，运气不会永远站在你这边。但是你必须相信自己长久以来的判断。

再次，作为记者很重要的就是学会突破，找到你的核心信源。这是一个永远让记者感到困难的问题。因为每一件事情的核心信源都是不一样的，它永远是横在你面前最大的一座山。

我们在白银案的报道中曾找到高承勇的儿子，很多同行来问我们为什么你们能找到他，你们到底通过了什么样的方法让他说话？现在是一个网络的时代，我们除了最基础的寻人的方法，会去找当地的熟人挖掘一些自己的人脉。更重要的是我们要学会在网络上进行搜索，高承勇之子完全是靠我们在网络上搜索过来的。我们寻找他在网上的各种蛛丝马迹，在天涯上，在微博上，甚至在“58 同城”上找人。比如说我们在“58 同城”上发现事发当地旁边的小卖部，我们就会给小卖部打去电话去现场替我们看一看。这可能是最快的方法，其实是一个线上和线下的结合。最后我们搜到了他的一个疑似邮箱，我们又用邮箱去微博上搜，意外地发现他其实就是用这个邮箱注册的微博。接着我们就海量地寻找他关注的人和关注他的人，给每一个人都发了私信，出乎我们意料的是，有一些是他的同班同学，这些同学之中的一个人给了我们他的联系方式。就这样我们找到了当事人。

在药家鑫案的报道中，需要找到与当事人有关的各种熟人，他的父母并不愿意面对媒体，都没有有效的信息，采访到的东西都是支离破碎的。直到我们找到他的一个密友，这个报道才成行。首先我在百度贴吧上搜索这个事情，发现一个人对他特别熟悉，我就试图联系这个人，给他发私信也没有回。但是通过一个偶然的机会知道这个人属于一个特殊群体，一般来说，他所在的特殊群体在每一个地方都有一个论坛。我在西安的相关论坛上搜，就找到了一个疑似 ID，我尝试联系这个人也未果。后来我拿这个新的 ID 又在天涯上搜，竟然发现他用这个 ID 回过别人的帖子，于是找到了他的 QQ 号。由此找到这个人，他恰巧愿意出来见面，给了我们非常详细的信息，这些信息给了我们很大的帮助。

最后，就是必须要突破，要到最核心的地方去。做新闻，现场是最重要的，要知道事件最核心的现场在哪里。下面分享一下我进监狱采访的经历。我当时采访一个在监狱的服刑人员，通过被采访者的父母把我带进监狱，我是以被采访者北京表姐的身份与其见面。用了 20 分钟的时间，我把我能想到的问题问了一个遍，后来就出了一个对话体的稿件。所以如果我没有想过进入第一现场，我就没办法得到最鲜活的资料。读者想看的永远是最核心的东西，我们需要做的就是到最核心的地方去。还有一个例子是一个越狱案，我们到现场的时候，警方还是封锁消息的，不透露任何的信息。后来知道四个逃犯进入一个山村里讨水喝，然后我们就包了一辆车到了那个村子里。根据我们自己的判断，这些越狱犯当时已经跑了六七个小时了，离这个村子不会太远。我们就整夜守在这个村子里，第二天一早我们一直跟着警车，我们第一时间拍到了一张现场图片。所以如果我们都在等待官方的信息，就永远无法得到这么鲜活的东西。

我们记者不是警察，没有人有义务告诉我们任何东西。每个记者都必须有让采访对象说话的方法。在赵作海的案子中，冤狱释放之后他对媒体充满着恐惧，他曾经赶走过很多记者。我是从他出来的第一天就一直跟着他，每天出一个版来报道。他一直对我很客气，也愿意跟我交流。因为在他刚出狱的时候，我了解了一下他的家庭状况，发现他有一个儿子在北京打工。我就跟他儿子取得了联系，了解到他的一些现状。大家知道对于一个农村老人来说，60多岁，老婆已经跑了，对他最重要的人就是他的儿子。当他刚出来对一切都隔绝的时候，所有人都想要攫取他的信息，但是只有我在跟他聊天的时候，跟他说："赵叔，我了解到你大儿子的一些情况，之前跟他通了一个电话。"对他来说我不是一个信息攫取者，我是一个信息交换者。他觉得我是真诚的，愿意提供一些信息给他，他也问了我一些关于他儿子的一些问题。再之后的交流就非常通畅了。

不知道大家记不记得周正龙，当年华南虎造假案的当事人。我见到周正龙的时候，是他因此事被判刑两年从监狱里出来的时候。他是出了名的难交流。当有记者找他的时候，第一，他什么都不跟你说，第二，他会向你索要采访费。他很懂媒体的心理。他知道自己掌握了所有的信息，那你就要非常卑微地向我攫取信息。我当时在那边待了一个星期，我觉得我还是有机会的。早上八点多就像上班一样在他们家门口待着找他聊天。他有时候会跟你聊几句，但总不会涉及相关话题。后来有一天了解到他特别钦佩一个教授，因为当年所有人怀疑他的时候，那个教授写了一篇文章《我用项上人头担保周正龙的老虎是真的》，他就认为这辈子最佩服的人就是那个教授。我就找到这个教授，把我的采访意图、采访目的和自己的一些想法都跟他说，他就帮我给周正龙打了一个电话，因此周正龙接受了我的采访。

提问是冰山之斧，提问是记者唯一的武器。你得到什么取决于你问出了什么。如果真相是冰山，那么提问是砸向冰山的斧头。记者号称“无冕之王”，他的武器就是提问和写作，你得到什么永远取决于你问出了什么。提问的奇妙之处在于，有的时候，一个合适的问题打开的不是门，而是一个世界。如果你能想到采访对象都想不到的问题，采访对象一定会愿意和你交流。

现在非常流行非虚构写作，特稿丰盈的细节来自不断切割式的体温，细化，细化，再细化。经常遇到采访对象都被问烦了，他会觉得为什么你会围绕一个天气问十几个问题。因为我在提问的时候我就知道我稿子里面要的是什么，只有这样我才能够编织出一个非常有文本感的稿子。

另外我想说的是细节的力量，我一直觉得细节决定了一篇特稿的好坏。细节决定一切。这句话不仅仅是在励志鸡汤里可以用。好的细节具有一击而中的力量。它敲打人心的猛烈程度往往出乎意料。有趣的是细节的探寻是永无止境的。经过多次采访的训练，对细节的感知力会慢慢加强，但是永远不会有顶点。对细节的感知有时候是对人性的感知，有时候是一种辨别感。在好的记者那里，有一些东西会天然地放大，被他的频率搜索到。

细节的最后一寸，我想说的是细节的抵达度。武侠片中常会有这样的情节。一拳打到脸前一寸收住，然后再发力。这一拳才真正做到了“稳准狠”。有一些细节之所以不好，是因为它到那一寸就收住了。我一直觉得细节不仅仅是被寻找出来的。在很多时候它是被设定的。常常是自己在采访前就知道自己要的细节是什么，它要细微到什么程度，只有这样，你才能有意识地去追问。

我是一个做了十年传统媒体的人，在后半期我已经明白，对于传统媒体来说，改变已经发生，危机已经到来。想问大家你们还会看报纸吗？原来在北京地铁上大家都是人手一份报纸在看，比如《新京报》《京华时报》。在这几年里我发现，一个看报纸的人都没有了，大家都在低头看手机。大家突然发现传统媒体的渠道没有了，内容现在仍然是被需要的，但是没有人再看这种介质了。

我原来一直都是一个纸质书的爱好者，而且我对电子书也是嗤之以鼻的。但是阅读习惯是非常容易被改变的，我现在已经基本上不看纸质书了。习惯了手机上拉动式的阅读，即使在杂志上那种大段文字很精美，我也不想看了，而手机上看1万多字的文章，我却经常看得津津有味。

新闻的路会越走越窄吗？有人说，因为自媒体的出现，很多普通人都有采访的本能和综合资料的能力。大家都发现了会有越来越多的观点，但是事实却越来越少，而这种事实是新闻能够呈现的更多的面向。在这个时代，我们对新闻的定义其实变宽了，原先我们认为它不是新闻或者不足以作为新闻报道，但是经过网络的发酵，大家发现其实新闻已经没有界限了。没有界限其实是好事，有很多东西涌进来，那作为新闻来说它的面向就越来越宽。

很多人都说今年是内容的创业之春。但是什么样的内容值钱呢？大家都知道"今日头条"、腾讯。他们都不断地在建自己的头条号和腾讯号，还有百度的"百家号"、网易号。所有的媒体都在争抢内容，但是他们有渠道，没有内容。《每日人物》经常在头条号上有几百万的阅读量，而报纸的阅读量是有限的，对我们来说内容是越来越值钱了。

微信是一个特别适合观点传播的地方，比如类似咪蒙的这种毒鸡汤。作为人物报道的平台，我们希望在某些人物身上亮出我们的观点。让文章有贴近感。例如《我是梨花大学学生，我在朴槿惠事件的中心》《年薪十二万算高收入？我们找了三个城市的人聊了聊》。

新闻写作有时候是非常严肃的，有很多清规戒律。我以前在《新京报》的时候特别难以忍受在一篇文章中出现"记者"两个字，我认为记者是一个永恒的旁观者，没有必要把自己写进稿子里。但现在随着阅读方式和传播方式的改变，"我"的出现更让读者有代入感，更贴近读者。我也会做一些场景化的写作，让故事的层面更丰富。

大家永远不要怀疑一个专业的记者的出路。"辫子没了，神还在。"传统媒体的渠道可能没有了，但是你有更广阔的空间。

最后给大家推荐一下《每日人物》，这是我们当时的发刊词：

甩入灾难漩涡的人，风口上奔跑的人，失败的人，挣扎沉浮的人，坚若磐石的人，有裹挟力的人，有趣新鲜的人。

他们是这尘世上的火光。他们让人心生“我不是一个人走在路上”的温暖。他们是跳动的热点。他们在某个频率上尖锐如小号，你不得不听见，去探头看看这里面的人性嘹亮、幽暗和曲折。

是谁说过，有些词有助于生活。我们挑选记录的人物同样如此。他们雕刻出来的样子，大概会是我们经历时代的真实轮廓。

我们一定是希望我们能够真实地记录这个世界，我们能够真实地记录人，真实地记录时代。

我的分享就到这里，谢谢大家！

大学生活，物理开端

（2018年10月25日）

汲培文*

很高兴到咱们学校来，向大家作一个报告。来这里一个月之前，正好到学院开会，学院请我给大家作一个报告，当时跟我讲，九月份新同学入学报到，请我跟新同学讲一讲，我就很高兴接受了。

在今天的报告中，我会以三种身份或口吻与大家交流。首先，还是要以名誉院长身份欢迎同学们到空间科学与物理学院来；其次，是欢迎我的小学弟们小学妹们，和我一样进入山东大学物理领域来，一同研习物理学；最后，是要讲欢迎孩子们。其实在开会前，我也与学院的老师进行了沟通，发现咱们新入学的同学们的父母的年龄基本都在四十五六岁，我的年龄比他们都大十几岁了，所以叫你们一句孩子们也不为过。事实证明，咱们不是同辈人啊，我们语言、思维方式差距可能太大，如果我就把我想说的事情强加给你们，你们也不好接受，这个事情也挺不好办的，但是不妨沟通沟通。

还有就是我历来对自己的要求还蛮高的，希望我作的报告能够吸引人，能够使你们也能从中获取一些帮助，但是咱们的年龄间隔这么大，最后能有多大帮助，自己心里也没底，有压力，因此我昨天晚上没睡好觉，很长时间也没有想好要讲的主

---

* 汲培文，山东大学空间科学与物理学院名誉院长。本科阶段1978～1982年就读于山东大学物理学院；1982毕业后到中国科学院工作，自国家自然科学基金委员会成立起，在基金委从事科学基金管理工作，自20世纪90年代起担任数学物理科学部常务副主任，以国家科技事业的发展为己任，为我国数学、物理、天文、力学等学科的发展作出了突出贡献，得到科技界的普遍好评。2010年获得“10000个科学难题”征集活动数理化试点阶段“突出贡献奖”。2010年获山东大学校友贡献奖。

题。另外，学院书记告诉我，作报告就不要稿子了，因为有稿子可能受束缚，没有稿子放开随意讲也能够生动活泼一点。我自己也是这么想的，那天和陈耀副院长沟通也是这样说的，但是回去想了想，可能现在时髦的还是准备 ppt，我要是不准备 ppt 会有两个问题：一个是会显得对这个报告会不够重视；第二个是显得对大家不够尊重，因此我还是准备了 ppt，我现在思想就完全按照 ppt 走了，我想临时有点激情，也不容易。

我今天的报告究竟是以一个什么样的身份，我自己也讲不太清楚，一会儿报告的口吻可能是院长，一会儿可能是一个老学长的身份，一会儿又可能是一个老科技管理人员的身份，有时甚至是父辈或者家长的角色，我想同学们是能够理解的。

不管说哪个方面，咱们都要进行沟通。如果我说得对，大家就多听一听；如果我说得不对，按照哲学家的观点来讲，智者，能够善于从对手的错误中发现真理，从自己的真理中发现错误，这叫智者，我希望你们都是智者。我今天讲的东西你可能感觉没用，但如果今后的某一天，其中的一句话能够引起你的思考，我就觉着我的报告有意义；如果说 20 年以后有句话对了，还有用，那我就更高兴了；20 年后大家也就 40 岁左右，你们也许跟我一样与下一代年轻人沟通。有些真理和体会，永远都需要过程。这个谁要一开始就都能做到了，实现了，那人就成精了，之所以没有人成精，是因为一切事情都要一步一步地来。

下面要报告的题目叫什么呢，叫“大学生活，物理开端”，跟大家分享这个题目，主要是想让大家调心态，迈新程，实际上我报告的重点就在心态上，在于调心态。

首先，怎么才能学好物理、做好物理呢？这确实是个需要不断思考、不断实践、不断提升的问题。有关这个主题，真正有发言权的是在座的各位老师和高年级的同学们。我大学毕业后，主要从事科技管理方面的工作，包括物理学方面的工作。在长期的科技管理工作中，接触了许多杰出的物理学者，也访问了许多著名高校以及国外的物理学院，从一个科技管理者、从一个目睹众多物理学子成长为物理才俊、从一个大学学物理的学生到负责国家数理科学领域资助管理的人员角度，谈一些想法和感受，也许对大家初入物理学殿堂能够有所启迪。在座的各位老师都比我有体会,而且在座的各位同学不仅有大一学生,而且还有大二大三的学生,还有部分研究生,我们都可以进行交流。

那么怎么由中学学习风格转变到大学开始物理学的学习呢?我自己想了想,觉得以下方面需要关注:(1)适应环境;(2)控制自我;(3)培养耐性;(4)热爱物理。

一、适应环境

说到适应环境,大家从高中升到大学,首先面临的就是以下几个问题:升学压力消失,如何产生新的学习动力;教学方式改变,如何调整学习方法;家长不在身边,如何安排自己的生活;管理方式不同,如何实现自我管理。

我今天的报告主要是为刚刚入学的大一新同学准备的,大家刚刚告别中学生活,现在马上转入大学生活,这个在每个人的人生中都是一个很大的转折。我像你们这个年龄的时候,还在当兵,我也当过民办教师,我考大学时都 24 岁了。当时,国家搞改革开放,邓小平先生给了我们一个考大学的机会,我们就考上了。你们这一代的人,高考的机制都已经很成熟,在中学阶段大家可能在不一样的中学,那么每一个人的高中的学习压力也不一样,学习方式也就不一样,适应大学生活的方式自然也就不同。我老家是荣成的,我当时就是在威海当兵。申请退伍回家考学,最后的结果是我考上了山东大学。

我说这些话的意思是,大家在高中的时候学习压力非常大,现在上了大学了,成功迈出了第一步。现在没有了以前一样的升学压力,也没有了按照程序走,起早贪黑学习的程序。另外,在中学时,老师的教学大纲设计得清清楚楚,到了大学以后,一切都要靠自己管理自己的学习。再一个,在中学时家长在身边帮你处理一切事务,生活你就不用管了,我听说现在有的大学生家长竟然还在学校旁边租个房子,天天还陪着。我在这要说一句话,不是以名誉院长的身份,而是以一个家长的身份,我觉得应该让你的父母回去,不然你永远长不大,永远成长不起来。中国有句古话叫富不过三代,为什么,主要是我们的传统文化,我们的传统观念认为只要有条件就想要让孩子过得更好,但是缺少了一种磨炼。国外西方的教育方式不一样,传统差异太大,管理方式不同,但是要说真正的管理方式还是全部都要靠自己。

不管你到哪个地方都要适应环境,大家都知道达尔文的适者生存,如果你不能适应这个环境肯定是不行的。谈到学习,学习肯定会遇到很多问题,在这个过程中谁能把握住自己谁就能行。我就来谈谈我的体会吧,当时进入大学,其他同学比我高考的分数高多了,我感觉到各位在中学中都是优秀的,就像今天咱们大家在座的400多位优秀的人坐在一起,那就必定要产生碰撞,在这种时候如果你坚信你是优秀的,你就成功。在刚开始大学学习时,大家也是什么都不了解,但是有的人把好的学习习惯坚持了下来,成绩就上去了,坚持不下来的人就下去了。有的人觉得自己学习好,但是不见得什么都会,关键在于只有你能把一个个难题琢磨出来,慢慢地就会变得自信起来,那时你就真的行了。

初入大学学习不好较常见的问题就是:失去目标、丧失信心、无自律性、投入不足,不是基础和能力问题,而是你没有调整好心态,不够自信。

有一位高才生,中学时期很优秀,大学保送去了北大,前两年学习很好,后两年却找不到人了,上课也不去,作业也不交,整天就是上网玩游戏,成绩一落千丈!所以说优秀的人,也要学会把控自己,迈好第一步至关重要。

二、控制自我

成功的人都能够控制自我。首先人会有七情六欲,也有自己不想干的事,但是要干的事当时不想干怎么办,谁能控制住自己谁就能赢。我是过来人,这一路走来,看到很多成功人士,他们有一个共同特点,那就是能够成功管理自我。

我在上大学时是班里的班长,很多老同学现在见了面还喜欢叫我班长。当了班长终身是班长,但是责任也在你身上,上学的时候要服务好同学,毕业后还要为同学服务。作为班长,你可以管理他们,批评他们,前提是你要做好,为大家付出。如果你不愿意付出,谁还会听你的呢?

"心光校友助学基金"是我们山大物理1978级同学2002年返校时出资设立的。我们希望后来的学弟学妹们能努力与付出、进步与提升。当时我们了解在物理学院学习的一些同学家庭经济条件不太好,学习物理也很不容易,所以开会决定设立了这个基金。我们的原则是:成绩很优秀的学生不用给,因为学校有奖学金,我们支持两种学生，第一种是努力的，第二种是非常勤奋的，他们的学习成绩不一定名列前茅。在2008年和2009年看到受资助同学写的一些话，自己心里还是很受感动的。

英国著名的哲学家、数学家罗素讲，人类有三个敌人：自然、他人、自我，很重要的是，你一生当中怎样战胜自我，这一点非常重要，自我是我们最先遇到的敌人，也往往是最大的敌人。下面咱们来看看什么是自我。

在心理学中，自我包括自我概念和自我意识，包括自己的生理特征和心理特征，自己在社会中所处的位置等等，总的来说是身心状况的一种综合感受。对于不同阶段主我和客我，物质自我、社会自我、精神自我，人们的追求不一样，心理的体会也就不一样。在这里我就以陈耀教授作为范例给大家介绍一下。

陈耀教授他现在做得很好，他最好的一点就是心无旁骛，专心做学问；累了烦了的时候，就到大海边走一走，大海承载着多少的希望啊，旷阔的大海让你心胸开阔，让你浮想联翩。这样的感受和意境，不同的阶段是不同的，在海边走一走再听一听音乐，音乐多么美妙啊，带来思维的碰撞，想了想看到这么美丽的环境还不够，要表达一种感情，再读上一阵子诗，我觉得你们什么时候能达到这种境界就行了。

美国哈佛大学的校长，在刚刚上任后的演讲中提出，要教育学生学习文化音乐，目的是什么，是让你利用它们陶冶你的情操，想好你将来要过什么样的生活，什么样层次的生活，什么样品味的生活。这是很重要的，这就是我们为什么要上大学，为什么要学物理，核心就是要营造一个高尚的生活和精神追求。我物理学习了43年，我的体会肯定跟你们不一样，我觉得大家都需要这样一种过程，在这里头我们来感受我们的生活。

人们的自我调控由多因素共同决定：天赋决定智商，心理决定情商，身体决定健康。现在的学者成功大多数都是依赖智商，不过情商和健康的因素同样不容忽视。情商又分为五个方面，自我意识、自我管理、自我推动、同情心（要能感受别人的感受，用别人的感受来调整自己，对情绪作出一些反应）、社交技能，看我们怎么来调控我们自己，情绪通常是稳定的，不会因小事而波动。

那么如何来提升情商？要提升情商就要学会感受情绪，管理情绪，还要有情绪思维，利用情绪来思维，理解情绪。这些都需要大家慢慢学，慢慢做。

说到健康就不得不提体育活动，我觉得每天至少进行30分钟的体育活动，对大家的身心各个方面都还是很有利的。

下面我们要谈论到一个问题就是平等与公正。

什么叫平等，什么叫公正，是平等好还是公正好？三个人看棒球比赛，三个人都坐在同一个的高度，这叫平等；三个人都能看到比赛，这叫公正，公正是根据需要来的。其实要说一件事是公平还是公正都必须有它的条件，在什么条件下，才会存在什么样的平等和什么样的公正，世上没有绝对意义上的平等与公正。

中西方文化经常起冲突，比方说最近正在进行的中美贸易之争，美国最大的一个问题是要遏制中国的发展，我们如何来解读这个问题，就要考虑中西方文化的差异。在西方文化中，事情不是对就是错；而东方文化则认为，人总是要有差异，一件事情总是能从两面来分析，正因如此也就产生了差异。

另外，为了面对这些，我们就要跟大家讲控制自我的三个原则，一是自信，二是自学，三是自律。其中，自学就是自我教育、自主学习。上了大学，需要学习的是一个人一生的学习方法。在学校之外不了解的东西多得是，只有学会了自学的方法，将来有什么问题才可以迎刃而解。还有一个是自律，自律需要时间，好多事情都需要时间，并且需要勇敢地面对问题和苦难。

三、培养韧性

在我看来，成功的人基本都是韧性强的人，这一点我觉得很重要。怎么样培养韧性呢？首先要有坚定的理想信念和持之以恒的投入。我们要坚信，没有比脚更长的路，没有比人更高的山，没有比自我教育更好的教育。培养韧性的另一个方面就是培养我们的学习力和创造力。爱因斯坦说："大学教育的价值，不在于学习很多事实，而在于训练大脑会思考。"教育的目的不在于传授大量已知的事实，而在于训练你的大脑思考教科书之外的东西，启迪你的大脑，启迪你的想象力。

教育的层次创造力，大家都认为本科生阶段应该早一点加强科研学习，在做的过程中总会有一些困惑，受到一些挫折，正是这样一个过程，我们才能感受和体会科学的魅力，才能更快更好地成长。说到科学，下面我们也来讲一讲科学文化与科学精神。

美国传教士明恩溥（Arthur Henderson Smith），100 多年前在中国生活写了一本书，叫《中国人的气质》。实际上在那个时代，“支那人”这个词本身是一个中性词，不是贬义词，不爱听的时候是日本人侵略中国，给这个词蒙上了一层战争的阴影。我们来看一下《中国人的气质》目录，也了解一下在西方人眼中的中国人有哪些特点。第 1 章“保全面子”，第 2 章“节俭持家”，第 3 章“勤劳刻苦”，第 4 章“讲究礼貌”，第 5 章“漠视时间”，第 6 章“漠视精确”，第 7 章“易于误解”，第 8 章“拐弯抹角”，第 9 章“顺而不从”，第 10 章“思绪含混”，第 11 章“不紧不慢”，第 12 章“轻视外族”，第 13 章“缺乏公心”，第 14 章“因循守旧”，第 15 章“随遇而安”，第 16 章“顽强生存”，第 17 章“能忍且忍”，第 18 章“知足常乐”，第 19 章“孝悌为先”，第 20 章“仁爱之心”，第 21 章“缺乏同情”，第 22 章“社会风波”，第 23 章“株连守法”，第 24 章“相互猜疑”，第 25 章“缺乏诚信”，第 26 章“多元信仰”，第 27 章“中国人的现实与时务”。

在 120 年前，外国人看我们中国人的感觉，好像与我们现在一样。仔细看看这些优缺点，120 多年都没多少改变，这就是我们的传统，反倒是科学的进步，很大程度上改变了我们的生活，这些让你们觉得有改进，不过有些地方还是需要慢慢地改进，这些都需要时间。正是在这种情况下，我们国家倡导我们建立以“富强、民主、文明、和谐、自由、平等、公正、法制、爱国、敬业、诚信、友善”为内容的社会主义核心价值观。

说完了国家的文化，让我们再来看看大学的文化。首先，了解一下哈佛大学校训：“与柏拉图为友、与亚里士多德为友、更要与真理为友。”

大学就是给你一种机会，提倡学术平等，在真理面前人人平等，我们东方人讲究尊重老师，但是尊重老师并不代表你要遵从他说的每一句话，学术争论可以争得面红耳赤，这就是学术。良好的文化、良好的科学素养能够自觉不自觉地影响我们的心灵，提升人格精神境界，感悟人生哲理。

咱们现在都在建设双一流大学，那么就迎来了一个问题，什么是一流大学？什么是双一流大学？

有一位中国大学校长到美国访问，就问著名的华裔女物理学家吴健雄教授，什么样的大学才能称得上是世界一流大学。吴健雄教授回答得非常好：什么叫一流大学？只要在周末晚上，去看看那里大学教室的灯火是否辉煌。

辉煌的灯火便说明这里的教师和学生都有对知识不懈的、发自内心的追求。我们国家这些年来，多少学院变成大学，但是有些学校规定节假日图书馆、实验室关门，因为员工要休息。但是你们想过没有，你们放假的时候可是你们老师搞科研的最好时机。只有内心的喜爱，发自内心的追求，才能做出真正的学术。不过我来我们学校，在咱们学校闻天楼看了看，灯还是亮的，虽然说基本都是研究生，但是还可以说明我们还是一流大学。

四、热爱物理——物理的价值与意义

我们总是说物理物理，物理的意义到底价值在哪里？

第一，物理塑造人的科学观、世界观。从地心说到日心说，改变了人类对世界中心的认识，物理的思辨逻辑为人们提供了把握事物的思维。

第二，物理学的美妙。无穷大和无穷小的联系，宇宙的联系与演化，生命的本质和起源，物质的最终结构与相互作用。从极小到极大。

第三，思维大尺度。能量、温度、时间、空间、宇宙的历史这都是物理学家在干的事情，这都是我们物理学家的思考。这就是物理学的美妙，是只有物理学家才能做到的事情。

第四，物理学的逻辑思维。薛定谔之猫，一个著名的量子科学理论。20世纪30年代在丹麦，讨论到底什么是量子力学。从量子论到量子力学，主要研究微观世界，不确定性，测不准原理主要是研究微观世界，现场的测量是后来的。一只猫放在盒子里面去，你不知道它是死是活，只有打开盒子才知道。我在国家自然科学基金委员会数理科学部常务副主任的位置一干就是15年，在我接触物理的实际过程当中，在我的工作当中，接触了国内一代一代的优秀学者，看到一批一批的优秀人才，我会感到很兴奋，我能跟着他们学新东西，用众家之长来补一己之短。在我与别人讨论问题时，别人能听懂我的话，因为我学过量子力学。

第五，物理的普适方法——智慧的来源。德国的总理默克尔，为什么能干了一届又一届？因为其思维是在大学学物理时培养的。学物理的人政治家都可以干，还有什么不能干，还有什么干不好的？

山东大学数学院彭实戈教授，中国大名鼎鼎的数学家，国际上每四年开一次数学家大会，谁要是能在这上面作一个小时的报告，是了不起的。此前没有中国学者能在数学家大会上作一小时特邀报告。改革开放这些年，在我们中国本土培养的只有这一位，就是我们山东大学的彭实戈教授，他在2011年度的国际数学家大会上应邀作一小时报告。大家是否知道彭院士本科是学物理的，是山东大学物理系的毕业生。

庄小威教授，在美国发明了一种超分辨率分子成像技术——随机光学重构显微术（STORM），获得了300万美元的奖金，就是因为学好了物理，如果学不好物理，他就整不出来这些东西来。

薛其坤教授，山东大学光学系激光专业学生，毕业以后去曲师大，头两年考研究生都没考上，第三次考到了中科院物理所，受过非常好的训练，素质训练好了之后，能力潜力一下都激发出来了。

我觉得人首先要有韧性，我觉得在薛其坤教授的身上充分体现了韧性。上学的时候都按照老师说的来，一步一步地走，但是机会到处都有，关键看你有没有韧性坚持下去，你考研一次，人家考三次，考上了，现在人家一样也能为国家的科技做贡献了。每个物理学家的学识和眼光都是不一样的，但是在起步阶段都遇到过许许多多挫折，这些都是每个人需要经历的。

我作过很多演讲，包括山东大学物理学科80周年华诞和天文学会80周年华诞的演讲，不过我还是想把我的山东大学物理学科80周年华诞上演讲的一段拿出来给大家分享一下：

“今天我站在这里，最主要的是感谢我的同学，我的老师，学物理给我们注入了知识，注入了基础，今天不管你们做什么你都是成功的，社会和家庭稳定了，社会才能稳定地发展，作为社会家庭的一员，大学毕业的时候，把一家老小从家里带出来，他们的奋斗改变了他们每一个人的家庭。如果真要是每一个人都努力了，每一个家庭都改造了，咱们的小康社会也就实现了。名人很重要，学校永远需要名人，不过踏踏实实地做好努力，做好自己，改变自己的家庭，培养多种能力，为家庭作出基本贡献，也是我们最基本的任务。”

今天，山东大学在威海校区、青岛校区、济南校区均开设了物理学科。我们威海校区主要是空间科学方向，限于时间原因我就不再展开了。作为学校十大学科之一，有这么优秀的老师，这么杰出的人才，就看我们同学如何发力了。咱们学院的各个方面都很不错，设施、条件都已经很齐全了，至于结果怎么样，就看你怎么努力了。

最后，我想跟大家说几个问题：

第一，为什么学物理？只要有扎实的物理学功底，将来做什么都可以，一般的材料都能看得懂；学过四大力学，就能理解基本科学的道理。剩下的大家再去升华，再去发展，需要看自己的机遇，自己的能力，也看我们自己的运气，但是前提是要学好物理。

第二，学好物理，提升能力后，收获是必然的。我们同学应该为学物理而自豪，也应该为进入山东大学而自豪。

第三，不同的社会贡献。两个世纪前，梁启超先生提出了中国发展之问：中国要怎么样才能提高国民质量、科学精神、人文精神和法治？20世纪李约瑟先生也提出了他的疑问：1800年前中国为世界科技的发展作出了重要贡献，中国什么时候能再产生影响世界的科学技术？21世纪初钱学森先生提出了著名之问：为什么新中国的教育培养不出来拔尖的创新型人才？李政道先生说：要创新，需学问；只学答，非学问；问愈透，创更新。头脑不应是一个要被填满的容器，应是一个需要被点燃的火把。

改革开放给大家创造了良好的经济基础，前辈学者已经为我国科技发展的腾飞奠定了基础。国家也好，社会也好，家庭也好，同学们现在有非常好的学习环境和基础。未来的事业都是属于你们的，而且我们国家社会的发展靠的还是你们，总之就是一句话，点燃你们的火把吧！